AF372020

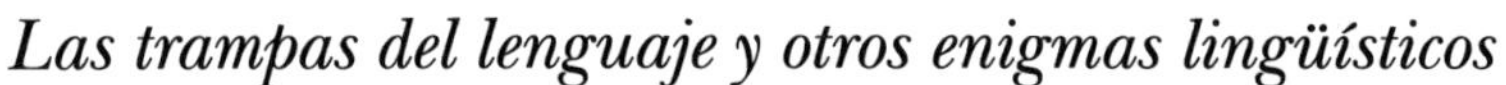

Las trampas del lenguaje y otros enigmas lingüísticos

ANTONIO BENÍTEZ BURRACO

Las trampas del lenguaje y otros enigmas lingüísticos

ALMUZARA

Editorial Almuzara • Colección Historia
Editora: Rosa García Perea
Maquetación: Miguel Andréu

www.editorialalmuzara.com
pedidos@almuzaralibros.com - info@almuzaralibros.com

Editorial Almuzara
Parque Logístico de Córdoba. Ctra. Palma del Río, km 4
C/8, Nave L2, n.º 3. 14005 - Córdoba

Imprime: Gráficas La Paz
ISBN: 978-84-10526-41-9
Depósito legal: CO-494-2025
Hecho e impreso en España - *Made and printed in Spain*

A mi padre, por enseñarme a ser crítico.
A mi madre, por recordarme ser también compasivo

Índice

Prefacio

En 1909 publicó el escritor noruego Knut Hamsun la segunda novela de su tríptico «Trilogía del vagabundo», la cual llevaba por título «Un vagabundo toca con sordina». La primera frase de la obra no es sino el propio título de la novela alargado hasta convertirlo en una suerte de reflexión sobre los cambios que conlleva el vivir. Reza así: «Un vagabundo toca con sordina cuando llega al medio siglo». La sordina es una pieza de pequeño tamaño que se emplea para disminuir la intensidad del sonido producido por los instrumentos, pero también para modificar su timbre. Cumplir los cincuenta años conlleva cruzar muchas fronteras, aunque la más obvia es la que separa el tiempo ya vivido del que, con mucha suerte, le resta a uno por vivir. De un modo ciertamente tópico, esta efeméride constituye un buen momento para reflexionar sobre lo experimentado y lo aprendido, pero también sobre todo lo que sigue pendiente de vivir y conocer. Y para reflexionar, nada mejor que bajar el volumen (y acallar así el ruido, externo e interno, que nos perturba a todas horas) y cambiar de registro (para ver las cosas desde una perspectiva diferente a la habitual).

Acabo de traspasar esa barrera del medio siglo y de esos cincuenta años he dedicado casi treinta al estudio del lenguaje (como lingüista, pero también como biólogo). Miro hacia atrás y veo un buen número de proyectos todos muy interesantes, centrados en cuestiones notablemente diversas, como las alteraciones del lenguaje en los trastornos de origen genético, los posibles restos fósiles del lenguaje, o las relaciones entre la complejidad de las lenguas y la de las sociedades que las hablan. Pero a pesar de su aparente diversidad, todos estos proyectos han tenido como hilo conductor la intrigante pregunta de cómo se desarrolla el lenguaje en el individuo y cómo ha evolucionado en la especie. En definitiva, en qué medida el lenguaje nos hace humanos. Y es que, al final, los lingüistas somos parte de ese esfuerzo colectivo por dar respuesta a la gran pregunta que nos viene intrigando (y atormentando) desde el instante en que tomamos conciencia de nosotros mismos: qué somos. El resultado de mis investigaciones se ha ido plasmando en diversos artículos científicos, libros técnicos y comunicaciones presentadas en congresos especializados. He disfrutado mucho realizando este trabajo. Y no ha sido menor la satisfacción que me ha procurado poder compartir todo lo aprendido (y, en general, todo lo que con el tiempo hemos llegado a saber sobre el lenguaje) con varias generaciones de alumnos y con multitud de colegas. Pero puede que haya sido la circunstancia de haber dejado atrás medio siglo ya, lo que me ha hecho pensar bastante en los últimos tiempos acerca de la necesidad de abandonar por un rato este cómodo predio académico y compartir con más personas mis inquietudes (que no han cambiado tanto), mis dudas (que siguen siendo muchas) y mis aprendizajes (no todos los que hubiese querido)… sí, la conveniencia de cambiar de timbre, de poner sordina a mi instrumento. Y no es tanto una necesidad de los demás (porque hay muchos otros lingüistas bastante más competentes que yo a los que poder leer o escuchar), sino propia: porque de algún modo siento que debo mostrar gratitud y sobre todo, corresponder a los demás por el privilegio que han supuesto todos estos años.

Hay, claro está, una forma bastante directa de hacerlo, que es usar todos los conocimientos adquiridos para ayudar a resolver, siquiera modestamente, algunos de los problemas que aquejan a la sociedad. Tendemos a asociar el estudio del lenguaje con saberes poco prácticos y de escasa utilidad para la vida cotidiana (y más aún en nuestro actual mundo hipertecnificado), como conocer qué aspecto tenía el español en el siglo XVI o cuál es la estructura de una oración subordinada. No obstante, a medida que hemos ido profundizando en sus bases biológicas, sociológicas o culturales, nos hemos ido dando cuenta de que el lenguaje ocupa un lugar central en nuestro modo de pensar, de comportarnos y de vivir en sociedad. Por eso, son muchos, en realidad, los problemas a cuya solución pueden (y deben) contribuir los lingüistas. Por ejemplo, un mejor conocimiento de la estructura de las lenguas y del modo en que las usamos con diferentes fines (pensar, comunicarnos o socializar, por nombrar solo tres) debería ayudar a entender mejor los retrasos cognitivos que muchos niños experimentan, los problemas que tienen cuando han de comunicarse con los demás o las dificultades que les supone vivir en sociedad (como les pasa, por ejemplo, a los que son autistas). En último término, los lingüistas pueden ayudar eficazmente a psicólogos, médicos o educadores a optimizar las estrategias terapéuticas que vienen usando para paliar tales dificultades, y al final, a mejorar las condiciones de vida de sus pacientes. Por poner otro ejemplo, a medida que nuestras sociedades se han vuelto más diversas, también han aumentado los conflictos interculturales. No cabe duda de que alguien que conozca bien el papel que el lenguaje desempeña a la hora de cohesionar (pero también de separar) los grupos humanos puede ayudar a mediar con mayor eficacia cuando surjan problemas de esta índole y en general, a mejorar la comunicación entre las personas en entornos plurilingües.

Pero más allá de esta aplicabilidad (más o menos técnica y especializada) de la lingüística, hay otra labor, más general, pero no menos satisfactoria, con la que un lingüista puede devolver a la sociedad todo lo que esta le ha dado: la divulgación. Fuera de las aulas y de los laboratorios de investigación hay muchas personas interesadas por las cuestiones que se analizan y discuten en ellos y que, por falta de tiempo, de formación, de recursos o de oportunidad, no pueden recibir de primera mano todo este conocimiento. Siempre me ha parecido enormemente gratificante escuchar a un experto contar, en palabras sencillas y de un modo claro, todo aquello que conoce y de lo que se ocupa, especialmente, si es capaz de aclarar dudas que uno mismo ha podido tener sobre tales cuestiones. Sin duda, es aún más gratificante ser esa persona que responde a las preguntas de los demás. Casi me atrevería a decir que mis (pocos) trabajos divulgativos me han procurado más satisfacción que los mejores de mis trabajos académicos. Los lectores de divulgación suelen ser críticos más objetivos (y constructivos) que los expertos… y desde luego, mucho más agradecidos. Hace falta divulgar más y mejor. Nunca sobra un nuevo libro divulgativo, entre otras cosas, porque la ciencia no deja de avanzar.

Pero (y ahora sí he puesto definitivamente la sordina a mi instrumento), creo que no basta con que el conocimiento experto de los lingüistas se use para resolver problemas concretos que aquejen a la sociedad, y ni siquiera, con que dicho conocimiento se enseñe en las aulas y se difunda en forma de obras divulgativas. A la vista de los problemas que nos amenazan y, sobre todo, de las ineficientes soluciones que quienes nos dirigen dan a esos problemas (y más aún, de los débiles y sesgados argumentos que nos dan para justificar tales soluciones), creo, cada vez con más convicción, que es imprescindible también que el conocimiento experto de los científicos sea un criterio principal a la hora de decidir las políticas de gobernanza de nuestras sociedades. En el caso de los lingüistas, es urgente que participen en el diseño de las políticas estatales básicas, lo que incluye las leyes generales de educación, los programas de atención sociosanitaria, las estrategias de desarrollo económico y social, o las propuestas de organización administrativa del estado, por poner solo algunos ejemplos. En último término, los lingüistas deberían ser voces críticas, o mejor aún, voces que demandasen y promoviesen activamente una discusión crítica de los desafíos éticos que plantean las aceleradas transformaciones tecnológicas, sociales y culturales que estamos experimentando en la actualidad y en muchas de las cuales el lenguaje está implicado. Basta pensar en el imparable desarrollo de la inteligencia artificial, la creciente globalización de nuestro mundo, o los constantes avances en biomedicina. Como lingüista, quisiera oír la voz de mis colegas en los debates que habrá que tener con toda seguridad en el futuro (y que deberíamos estar teniendo ya, de hecho) acerca de la ética en la práctica clínica (porque muchos pacientes están aquejados de trastornos del lenguaje), la gestión de la diversidad humana (uno de cuyos vectores principales es, precisamente, la de tipo lingüístico), el tratamiento de la identidad individual y colectiva (en la que la lengua juega un papel clave), la gestión de la información y la lucha contra la desinformación (puesto que el lenguaje es el principal vehículo de transmisión de contenidos), o las mejoras educativas (que no pueden darse sin regular el uso del lenguaje y las lenguas en el aula). Y desde luego, quisiera ver estos temas tratados en los libros que leerán las futuras generaciones de lingüistas y, en general, cualquier persona interesada por el lenguaje. Porque dicha presencia sigue siendo, por desgracia, testimonial, hemos titulado este libro, precisamente, *Eso no estaba en mi libro de lingüística*. Su objetivo fundamental es cubrir, siquiera de un modo parcial, esta importante carencia. Pero por estar escrito al llegar al medio siglo, he cambiado el tono y el timbre de mi discurso habitual (incluso el de mis trabajos de divulgación anteriores), y le he dado la forma de una colección de ensayos breves sobre la mayoría de las cuestiones que quisiera ver discutidas por los lingüistas de hoy. Me ha parecido mejor dejarle al lector unas cuantas reflexiones más o menos incisivas al respecto, casi a modo de aforismos, que obligarlo a leer un prolijo texto al uso, que casi siempre acaba siendo menos didáctico de lo que pretendía. De este modo, y por sentirse menos abrumado, espero que se anime a reflexionar a su antojo sobre lo tratado y llegar a sus propias conclusiones. Y de un modo que no deja de ser algo arbitrario, he agrupado los ensayos en cuatro secciones, pensadas para tratar de responder a cuatro preguntas fundamentales: qué es el lenguaje, en qué medida nos hace humanos, hasta qué punto determina el modo en que vivimos y de qué manera puede ayudarnos a cambiar como personas y como colectividad. La mayoría de estos ensayos han aparecido publicados previamente en prensa, pero los editores de Almuzara han pensado que, reunidos en un solo volumen, podrían hacer llegar a los lectores interesados, de un modo más eficaz y coherente (y espero que atractivo), muchas de las cuestiones que «no están en los libros de lingüística». Espero no defraudarlos… ni a unos, ni a otros.

Parte I. Polémicas lingüísticas

Orden y caos de las lenguas

Orden: lo que resulta cuando disponemos la realidad como creemos que debería estar (lo que ayuda, por lo demás, a comprenderla). Caos: el abismo por el que se precipita la realidad que no logramos ordenar (y, por tanto, renunciamos a entender). Muchos años llevan los filólogos, esos monógamos amantes de lenguas particulares, tratando de poner orden en el caótico objeto de su pasión… casi el mismo tiempo que llevan los lingüistas, esos promiscuos filólogos enamorados de todas las lenguas del mundo, intentando llamar al orden a sus siete u ocho mil díscolas amantes. El resultado del primer empeño ha sido la formulación de las gramáticas de las lenguas particulares, que no son más que enumeraciones ordenadas de las reglas a las que se atienen sus hablantes cuando las usan (di *Quiero a María*, pero no digas *Quiero María a*). Del segundo esfuerzo ha surgido una teoría sobre el lenguaje, que es, ¡nada menos!, una relación de los principios generales que siguen las gramáticas de todas las lenguas humanas. En ambos casos estamos ante intentos por poner orden en el aparente caos que surge de las torres de babel desde las que tratamos de comunicarnos los unos con los otros.

Y ahora, una metáfora: una gramática es un jardín. Igual que en este último flores y plantas crecen dispuestas en un orden meticuloso, en la gramática todas las piezas de la lengua ocupan un lugar exacto. Jardines y gramáticas nos sorprenden y deleitan a la par. Nos sorprenden porque su ordenada disposición deja entrever (y entender) la compleja organización de la realidad en la que vivimos inmersos. Y nos deleitan porque el gusto por el orden y la simetría son consustanciales al ser humano. El propósito fundamental de este ensayo es, sin embargo, reflexionar sobre el efecto negativo que ha tenido sobre nuestra comprensión del lenguaje humano esta metáfora de la lengua como jardín, y en general, nuestra obcecación en estudiar únicamente la variedad cultivada de la lengua. Porque cuidado: las metáforas ayudan a entender lo complejo en términos más simples, a poner orden en una realidad aparentemente caótica, pero a veces, si se vuelven demasiado atractivas, pueden llevarnos a reemplazar la propia realidad por un mero artificio. Comencemos.

La experiencia fundamental que la mayoría de las personas tiene del lenguaje es el habla. Hablar es combinar ruidos de diversa naturaleza para exteriorizar lo que uno piensa

(«Mañana tengo clase») o siente («Me duele la cabeza»), para socializar con los demás («Me alegro de verte»), o para actuar sobre la realidad que nos rodea («¿Puedes pasarme la sal?»). Los sordos no hablan, sino que gesticulan, pero el propósito es el mismo y, de hecho, las lenguas de signos que usan tienen las mismas propiedades que las lenguas orales que emplean los oyentes. ¿Qué es el lenguaje entonces? Podríamos caracterizarlo como la capacidad mental que poseen todos los seres humanos de combinar elementos simbólicos (las palabras) para crear secuencias complejas de símbolos (las oraciones) que encierran elaborados significados, y que para poder compartirse (como enunciados) han de revestirse de sonidos o gestos. ¿Y qué son entonces las lenguas? En esencia, el ropaje que adopta el lenguaje, que cambia de una sociedad a otra como lo hace la propia forma de vestir. De este modo, si la facultad de comunicarse mediante sonidos o gestos es universal en nuestra especie, cada grupo humano emplea para ello sonidos o gestos diferentes, dispuestos de manera distinta, lo que resulta en códigos mutuamente ininteligibles (el español, el ruso, el mandarín) y en último término, en una babel universal. Esta babel se acrecienta por el hecho de que no hay dos usuarios de la misma lengua que la empleen de modo idéntico. Y no solo en términos de lo que dicen, sino de cómo lo dicen: timbre, tono, velocidad de elocución… son propiedades del habla que varían de un individuo a otro, de un contexto a otro, de un lugar a otro. ¿Es posible poner orden en este caos? Quizás, pero para ello hace falta tomar el machete y la azada y empezar a desbrozar toda esta intricada maleza.

Hasta no hace mucho, nuestro jardinero de la lengua, el gramático, nos habría dicho que todas estas diferencias individuales, si bien nos permiten diferenciar a Juan de Pedro, inferir si alguien está deprimido o eufórico, o saber si nuestro vecino es andaluz o castellano, no son realmente importantes. A fin de cuentas, Juan (el político cordobés deprimido) y Pedro (el profesor burgalés jovial) hablan la misma lengua: el español. Prescindamos de tales diferencias y arrojémoslas al montón de la broza. Y si no, despachémoslas en unas pocas líneas en el libro de gramática española. Porque lo que realmente buscamos crear es una atildada parcela: una descripción homogénea, casi platónica, de aquello que hablamos. Así, por ejemplo, afirmamos que el español tiene cinco vocales y que son /a/, /e/, /i/, /o/, /u/ (a pesar de que la [a] de los cordobeses se parece bien poco a la de los burgaleses). O que en español se dice «una parte de los médicos rechazó ponerse en huelga» (aun cuando casi todos tendemos a decir «una parte de los médicos rechazaron ponerse en huelga»). Y de este modo, filólogos, gramáticos y lingüistas han ido convirtiendo en un cuidado jardín la selva de sonidos, palabras y construcciones gramaticales que nos rodea, poniendo orden allí donde aparentemente solo había caos.

Recordemos: ordenar no es solo una pulsión estética, sino una manera de comprender cómo están hechas y cómo funcionan las cosas. El todo se entiende mejor cuando sus partes quedan expuestas meticulosamente a la vista, como hace el doctor Tulp cuando enseña anatomía a sus estudiantes en el cuadro de Rembrandt. Así, este cuidadoso trabajo de jardinero de la lengua nos permite percatarnos, por seguir con el ejemplo de las vocales, que las cinco del español son el resultado de la combinación de unos pocos movimientos articulatorios básicos (una /i/ es una /u/ pronunciada con la lengua algo más adelantada y los labios algo más redondeados), y que, si bien estas vocales participan en la creación de miles de palabras diferentes (*paso, peso, piso, poso, puso*, etc.), no podemos agruparlas de cualquier modo (existe la palabra *sopa* y podría existir la palabra *apso*, pero no podrá existir nunca en español la palabra *oasp*). Estas y otras muchas reglas son conocidas de forma implícita por todos los hablantes de español, quienes, de un modo inconsciente, las usan sin cesar para poder comunicarse. Lo que hace el especialista en la lengua es consignarlas por escrito.

Si ahora comparamos unas lenguas con otras, descubriremos que con algunos movimientos articulatorios más se pueden generar hasta 28 vocales diferentes (muchas más de las que hay en español), que cuando se combinan con un número ligeramente mayor de consonantes, permiten crear millones de palabras en los centenares de lenguas que usamos los seres humanos. Cada lengua explota, por tanto, un subconjunto de tales movimientos y, en último término, una parte de todos los sonidos que puede producir nuestro aparato fonador. Y desde luego, cada lengua impone restricciones diferentes al modo en que dichos sonidos pueden combinarse entre sí (si una palabra como *oasp* era imposible en español, es perfectamente posible en inglés, puesto que existe, de hecho, *wasp* 'avispa', que acaba exactamente igual). En definitiva, igual que bajo la caótica superficie del habla individual subyacía el orden de la lengua, bajo la babel de las lenguas subyace el orden que suponen las invariancias y los principios generales a los que se atiene el lenguaje humano, que es el genuino objeto de interés del lingüista.

Es más, indagando en las causas de ese orden podremos entender aspectos básicos de la cognición y el comportamiento humanos. Así, y por seguir con las vocales, sucede que algunas aparecen en todas las lenguas del mundo ([a], [u], [i]], mientras que otras solo las podemos encontramos en unas pocas lenguas ([ä]). Y esta circunstancia no es casual: [a], [u] e [i] son las vocales más diferentes acústicamente entre sí, de modo que las palabras que las contienen son las menos susceptibles de confundirse al oído cuando las escuchamos, lo que seguramente explica su carácter universal. Los lingüistas han encontrado muchos otros universales de este tipo y no solo en lo que concierne a los sonidos del habla, sino también a la estructura de las palabras o la manera en que están hechas las oraciones.

Recapitulemos. Cuando prescindimos de la variación individual, lo que queda es la lengua, un objeto sustancialmente homogéneo y más fácil de estudiar que el habla. Cuando prescindimos de la variación interlingüística, lo que resulta es el esqueleto básico de lo que es una lengua humana (algo aún más homogéneo y aún más sencillo de diseccionar y de entender) y en último término, el lenguaje como facultad, que presuponemos idéntica en todos los seres humanos. Parece natural, entonces, la tentación de dejar la variación fuera de los muros del jardín de la lengua (y del lenguaje) y deleitarse admirando los parterres, jardineras y setos que gramáticos y lingüistas nos han regalado con el paso del tiempo. Ahora bien, es más que probable que algo acabe perturbando nuestro paseo: el bullicio de la selva que se oye al otro lado de los muros, la vida vegetal en su más exuberante y genuina manifestación. Así, basta escuchar a dos personas hablando en un contexto informal sobre asuntos personales para advertir que se comunican mediante algo que no se parece demasiado a lo que describe el libro de gramática: las frases se interrumpen, muchas esconden dobles (o triples) sentidos y hay enunciados que solo terminan de entenderse cuando se consideran los gestos que los acompañan. Basta también viajar a algún lugar más o menos remoto del planeta para encontrar una lengua que incumple alguno de los universales lingüísticos que con tanto esfuerzo habíamos conseguido formular. Y, en suma, da la sensación de que, a pesar de los denodados esfuerzos de los jardineros de la lengua, el caos parece agazaparse por todas partes, amenazando con volver a su primigenio estado de selva nuestro ordenado edén. ¿Y ahora qué?

Que no cunda el pánico. En verdad, al conversar, los hablantes también están siguiendo ciertas reglas, solo que son (ligeramente) diferentes a las que aparecen consignadas en el manual de gramática. Tendemos a pensar que las reglas formuladas por filólogos y lingüistas tienen un carácter prescriptivo (nos dicen cómo deberíamos hablar), cuando su genuina naturaleza es descriptiva (nos explican cómo hablamos en realidad). Toda variedad lingüística sigue unas determinadas reglas compartidas por sus usuarios. Y esto no vale solo para la lengua estándar, que no es más que la variedad que emplea el hablante culto en un contexto formal (a menudo, cuando escribe). Es igualmente cierto para las variedades de carácter geográfico (dialectos) o social (sociolectos), para las asociadas a determinadas actividades (registros), para las diferentes etapas del proceso de adquisición del lenguaje (el habla infantil) o para las que resultan de los diversos trastornos del lenguaje (como las afasias). De otro modo la comunicación sería imposible. Incluso cuando jugamos con la lengua subvirtiendo adrede muchas de sus reglas (como hacen los poetas), seguimos ciertas normas (porque, de no ser así, otro modo, los poemas se volverían herméticos, esto es, incomprensibles). El caos absoluto solo lleva a la ininteligibilidad absoluta, volviendo inservible una herramienta como el lenguaje, cuya función es, precisamente, la de entendernos a nosotros mismos y que los demás nos entiendan. El corolario de todo lo anterior es que también hay orden y sistematicidad en la propia variación. Y aún más importante: que comprender las tendencias que sigue dicha variación y los principios que la regulan es tan importante para entender qué es una lengua y qué es el lenguaje humano, como estudiar las invariancias y los universales lingüísticos.

Volviendo a la metáfora del jardín, estudiar la vida de las plantas en un entorno controlado, como un parterre o un invernadero, nos ha permitido llegar a saber mucho sobre ellas, porque podemos determinar con más comodidad y exactitud la naturaleza y el efecto de los múltiples factores que influyen en su crecimiento... hasta experimentar con ellos. Sin embargo, no podemos elevar a regla lo que es una excepción: la vida se ha desarrollado fuera de los límites del jardín, que no es más que un modelo imperfecto (y a veces, muy sesgado) del mundo real. Del mismo modo, las lenguas han evolucionado como resultado de su uso por parte de hablantes de toda condición, en todo tipo de entornos y con toda clase de fines. El estudio de la variedad culta de una lengua o de las lenguas con más prestigio cultural, como las europeas, nos ha permitido llegar a saber muchas cosas sobre cómo están hechas las lenguas y qué es el lenguaje humano, pero es necesariamente una aproximación imperfecta a su genuina naturaleza. De ahí el interés creciente de los lingüistas por estudiar lenguas minoritarias, fenómenos lingüísticos poco frecuentes, usos no normativos de las lenguas mayoritarias, el discurso oral, y, en general, cómo se comunican las personas durante la mayor parte del tiempo en sus interacciones cotidianas (y no sólo como lo hacen en contextos muy formales o cuando escriben). Y es que la verdadera realidad de las lenguas se parece más al caos (siempre sujeto a un complejo orden) que existe fuera del jardín, que al orden (siempre aparente y siempre amenazado por la irrupción del caos) que el jardinero trata de mantener dentro de sus límites. Tras varios siglos confinados en jardines de todo tipo, ha llegado el momento de que gramáticos, filólogos y lingüistas vuelvan a adentrarse en la selva…

Lenguaje inclusivo

Como trataré de razonar, la cuestión del lenguaje inclusivo es un fenómeno poco interesante para un lingüista. Puede serlo algo más desde un punto de vista sociológico. No obstante, permite reflexionar sobre algunos de los prejuicios (en el sentido más neutro del término: ideas que uno tiene antes de estar informado adecuadamente sobre algo) que existen acerca de la naturaleza de las lenguas y de sus relaciones con nuestro modo de pensar, de sentir, y de vivir en sociedad. En eso trataré de centrarme.

En general, cuando se habla de lenguaje inclusivo se está uno refiriendo a políticas lingüísticas destinadas a erradicar los estereotipos, normalmente desfavorables, que encierra una lengua sobre las mujeres u otros colectivos históricamente marginados. Un ejemplo clásico sería el matiz peyorativo que adquieren muchas expresiones masculinas cuando se vuelven femeninas (no es lo mismo *ser un zorro* que *ser una zorra*). En otras ocasiones se trata de cuestiones gramaticales, como sucede con el denominado desdoblamiento de género o los pronombres llamados neutros o inclusivos. En el primer caso, estas políticas promueven que las formas masculinas en su uso no específico (es decir, cuando *niños* alude a niños y a niñas) se presenten siempre acompañadas de las femeninas (o sea, que digamos *niños y niñas*). La justificación de esta medida es que de este modo se visibiliza a las mujeres (si hay realmente niñas, ahora se oye la palabra *niñas*) y acaso, se vuelve más precisa la referencia (ahora *niños* deja de ser ambiguo, porque al oírlo sabremos que solo hay varones incluidos, en lugar de tener que inferirlo del contexto o preguntarlo a nuestro interlocutor). Dejaré al margen de la discusión los argumentos filológicos acerca de la escasa plausibilidad del carácter sexista, ya en origen, del masculino, dado que en las lenguas indoeuropeas como el español esta marca está asociada en un principio a la animacidad (la distinción vivo/inerte) y no tanto al sexo (la distinción macho/hembra). En realidad, al hablante corriente la historia de la lengua le importa bastante poco a la hora de usarla (solo conoce la lengua que habla y no le influye cómo pudo haber sido la lengua en el pasado). Me parece más interesante, en cambio, centrarme en lo que nos diría al respecto el lingüista. Para empezar, nos haría ver que cualquier palabra invisibiliza, porque etiqueta de la misma manera una realidad que es en sí multiforme y diversa. Cuando usamos *silla* para hacer referencia a dos sillas distintas, estamos invisibilizando lo que las diferencia. Es la misma invisibilización que cuando usamos *hombre* en sentido genérico. Y, de hecho, al emplear esta palabra no solo estamos invisibilizando a las mujeres, sino también a los niños (como grupo de edad), a los ancianos (aunque a su vez decir *ancianos* invisibiliza a las ancianas) y a un largo etcétera de grupos en los que podemos clasificar a las personas y que tienen, o deberían tener (si no queremos invisibilizarlos) su propia etiqueta identificadora. ¿Por qué no existe un género gramatical para los autistas? ¿O mejor aún, un pronombre plural exclusivo (esto es, un *nosotros* que nunca pueda significar 'tú y yo'), para reflejar su deseo de independencia? Claro que si quisiéramos ser totalmente consecuentes y visibilizar al máximo la diversidad de los seres humanos, al final tendríamos que recurrir a los nombres propios. Memorizar nombres propios para las sillas parece absurdo… aunque alguien podría decir que puede resultar igual de absurdo usar dos palabras (*niños* y *niñas*) cuando con una (*niños*) es suficiente para denotar un grupo de personas de corta edad. De hecho, categorizar la realidad (esto es agrupar estímulos en una sola entidad en función de su semejanza de forma o función) es algo que hacemos constantemente (por ejemplo, no hay siete colores en el arcoíris, sino que agrupamos un continuo de longitudes de onda en siete grupos diferentes: los siete colores). Lo que hace luego la lengua es ofrecernos etiquetas (las palabras) para aludir rápida y cómodamente a esas categorías (*rojo*, *azul*, etc.). Y como nuestra memoria es finita y la realidad es casi infinita (como lo es también el número de categorías que podemos establecer en ella), el número de palabras siempre será inferior al de categorías posibles. Dicho de otro modo, toda referencia a la realidad a través del lenguaje es obligatoriamente un ejercicio de invisibilización.

Tras esta aburrida disquisición, llegamos ahora al punto más importante de la cuestión que nos ocupa: cómo y quién decide qué palabras tendrá la lengua (o qué usos tendrá una marca gramatical, como la de género). Lo que nos dirá nuestro lingüista es que, en esencia, las lenguas tienen palabras (*lexicalizan*) o llevan a su gramática (*gramaticalizan*) aquellos aspectos de la realidad que son importantes para sus hablantes, que suelen ser los de índole cultural. Efectivamente, en español hay dos géneros (y restos del género neutro que había en latín). Pero en otras lenguas, como el dyirbal, que se habla en Australia, hay cuatro y la asignación de las palabras a cada género puede parecer, al menos vista desde fuera, bastante caprichosa. Por ejemplo, tienen género I los sustantivos aplicados a hombres y a las diferentes especies de canguros, mientras que poseen género II los nombres que se refieren a las mujeres y a la mayor parte de las especies de pájaros. Esto es así porque en la mitología dyirbal las mujeres se convierten en aves cuando mueren… algo parecido a lo que explica que *luna* sea un sustantivo masculino en polaco, puesto que para los antiguos eslavos la Luna era un dios y no una diosa. Es obvio que estudiando qué se lexicaliza y qué se gramaticaliza en una lengua podremos averiguar bastante sobre los valores de la cultura que la habla. Si la lengua trata de forma diferente a hombres y mujeres (por ejemplo, si hay pronombres diferentes para ambos sexos), es muy posible que en esa sociedad hombres y mujeres hagan vidas bastante separadas… o si las mujeres poseen un menor estatus social, es posible que el género gramatical masculino incluya al femenino o que sean las formas masculinas las que posean un valor apreciativo.

Un escenario como el anterior parece legitimar la aplicación de políticas lingüísticas como el lenguaje inclusivo. Después de todo, la causalidad debería de funcionar en sentido contrario, ¿no? Si la lengua codifica ciertos estereotipos, la transmisión de la lengua de una generación a la siguiente contribuirá a perpetuarlos, de modo que si eliminamos de la lengua estos elementos indeseables, estaremos ayudando a que los estereotipos (sexistas o de otro jaez) se hagan menos frecuentes o incluso terminen desapareciendo. Hay algunas objeciones que hacer al respecto desde el campo de la lingüística. Para empezar, en lo que se refiere a la codificación que hace la lengua de los valores y las actitudes sociales hay toda una gradación al respecto, y sobre todo, en la percepción consciente que podamos tener de dicha codificación (y por tanto, en qué medida afecta a nuestro comportamiento). Es más evidente en el plano léxico (todos tenemos muy claro que decirle a una mujer *eres una zorra* es insultarla gravemente), pero es más elusiva en el plano gramatical (¿de verdad que cuando decimos *niños* habiendo niñas presentes lo que pretendemos es hacer que se sientan excluidas?). Por otro lado, si comparamos unas lenguas con otras, no siempre encontramos la esperada correlación entre, por ejemplo, un menor estatus de la mujer y el uso genérico del masculino. Así, una lengua como el turco no marca gramaticalmente el género. ¿En serio defenderíamos que la sociedad turca invisibiliza en menor medida a la mujer que la española? Y viceversa: hay lenguas habladas por sociedades de cazadores recolectores, en las que la igualdad entre hombres y mujeres es mucho mayor que en buena parte de las sociedades industrializadas, que distinguen gramaticalmente el género. ¿Entonces? En todo caso, incluso si encontrásemos una correlación estadísticamente significativa entre la desigualdad en el trato a la mujer y el uso del masculino genérico en las lenguas del mundo, lo único que podríamos concluir es que la mayor parte de las sociedades humanas se ha organizado tradicionalmente siguiendo criterios más o menos patriarcales (nada que no supiéramos ya, en realidad). Ahora bien, de ahí a concluir que desdoblando el género, por ejemplo, lograremos construir una sociedad más igualitaria es sobrestimar el poder que la lengua que hablamos tiene a la hora de condicionar cómo percibimos y procesamos la realidad. Sería como venir a decir que si uno elimina los tacos de una lengua la gente se volverá más cortés. Es evidente que se puede ser muy maleducado sin utilizar palabras malsonantes (por ejemplo, recurriendo al sarcasmo). O, por poner otro ejemplo, sería como defender que no se puede ser racista si a uno le prohíben usar palabras como *negrata* o *blancucho.* Algo así se conoce en lingüística como la hipótesis Sapir-Whorf. Esta hipótesis viene a defender que las categorías que tiene la lengua que hablamos (una de ellas sería el género gramatical, que nos ha venido sirviendo como ejemplo a lo largo del ensayo) condiciona cómo vemos e interpretamos la realidad. Si esta hipótesis fuese cierta, deberíamos realmente poder eliminar el sexismo suprimiendo los términos peyorativos hacia las mujeres o conseguiríamos hacerlas más visibles usando el desdoblamiento. Algo parecido (solo que en negativo) pretendía el Ministerio de la Verdad en la novela de George Orwel *1984*: la neolengua alumbrada desde dicha institución, pensada para reemplazar al inglés en el Estado gobernado por el Gran Hermano, carecía intencionadamente de palabras como *democracia,* precisamente para evitar que los ciudadanos de Oceanía luchasen por conseguir una sociedad más justa: ya sabes, no puedes pensar (ni desear) aquello para lo que tu lengua no tenga palabras. En su formulación más extrema esta hipótesis es falsa: podemos pensar, de hecho, miles de cosas para las que carecemos de términos que las denoten en nuestra lengua. Por poner el caso, no hay una palabra para la mezcla de añoranza y bienestar que nos invade cuando mordemos, un verano más, el primer trozo, bien frío, de sandía al comienzo de la estación. Seguramente, si esta sensación fuese culturalmente importante, tendríamos en español una palabra para ello, como pasa en portugués con la combinación de melancolía y nostalgia que llaman *saudade.* No obstante, multitud de estudios psicolingüísticos sugieren que una forma más débil de la hipótesis Sapir-Whorf podría ser cierta. Así, por ejemplo, es verdad (y este efecto se puede cuantificar en el laboratorio) que la lengua que hablamos focaliza nuestra atención en aquellos aspectos de la realidad para los que sí tenemos palabras. En español contamos, por ejemplo, con palabras diferentes para *verde* y *azul*. Eso hace que nos percatemos mejor del contraste entre ambos colores que los hablantes de vietnamita, que usan una misma palabra para referirse a estos dos colores. Como es fácil de advertir, tales efectos son muy sutiles: después de todo, también los vietnamitas distinguen si se ha puesto una camisa azul o una verde… aunque digan en ambos casos que la camisa es de color *xanh*. ¿Y adónde nos lleva realmente todo esto? En esencia, a que posiblemente sea mucho más efectivo luchar por medios no lingüísticos para cambiar la sociedad y volverla menos sexista (por ejemplo, promoviendo leyes que faciliten la incorporación de la mujer al mercado laboral o persiguiendo a las empresas que pagan más a los hombres por hacer el mismo trabajo que las mujeres), y dejando simplemente que la lengua acabe reflejando estos cambios, que imponer desde arriba (es decir, desde instancias gubernamentales o grupos de presión) cambios en la lengua esperando (algo ingenuamente) que acaben transformando la sociedad. Si lo pensamos, el uso de *usted* en español es cada vez más restringido. Si hace un siglo uno llamaba de *usted* a su propio padre, hoy la dependienta de una tienda a la que no conocemos de nada nos trata de *tú*. *Usted* es un honorífico, lo que quiere decir que se usa para marcar estatus. Posiblemente todos estemos convencidos de las bondades de una sociedad más igualitaria en términos de estatus. Y, sin embargo, no ha habido ninguna campaña destinada a promover el uso de *tú* y a erradicar el uso de *usted* es aras de conseguir una mayor equidad social: simplemente, *usted* ha dejado de usarse (o se usa menos que antes para marcar estatus y más para marcar distancia social) porque la sociedad se ha hecho más igualitaria por razones ajenas a la lengua.

Para terminar, es pertinente subrayar que usar el lenguaje inclusivo no va en contra de ninguna regla fundamental de la gramática, ni del español, ni de las lenguas en general. Algunos detractores del lenguaje inclusivo afirman que el desdoble es antieconómico, porque obliga a hablar más para decir lo mismo. Pero no todo en la lengua está diseñado por un ingeniero obsesionado por minimizar costes y maximizar funciones. Por ejemplo, cuando decimos *nuestra prima inglesa*, hemos marcado en femenino las tres palabras que forman el sintagma. En realidad, para indicar que se trata de una mujer bastaría con haber marcado solo el sustantivo…o no marcar nada, como hacen muchas lenguas, con lo que saber si estamos hablando de nuestro primo o de nuestra prima es algo que hay que inferir del contexto. Y nadie se queja de que decir *nuestra prima inglesa* sea redundante o antieconómico. Y viceversa. Quienes defienden el lenguaje inclusivo, a la vez que defienden el desdoble de género para visibilizar a la mujer, promocionan el uso del nuevo pronombre *elle*, que hace justo lo que se supone que hace el masculino genérico: invisibilizar. Con esto quiero decir que, como los propios fenómenos que pretenden corregir, tampoco las supuestas soluciones inclusivas son sistemáticas ni están motivadas funcionalmente (ni pueden estarlo, porque una lengua no es un coche o un lavavajillas). Y desde luego, ni los propios defensores del lenguaje inclusivo lo usan de modo sistemático al hablar tampoco (a veces desdoblan y muchas veces no). Al final, usar o no el lenguaje inclusivo debería ser una cuestión de cortesía. Igual que en ocasiones pedimos que nos llamen *Manolo* y en otras ocasiones, que se dirijan a nosotros como *Dr. García*, o que unas veces nos traten de *tú* y otra de *usted*, habrá que aceptar que haya personas que quieran ser tratadas de *elle* o que desdoblen los pronombres (*él y ella*) cuando hablan. Pero de igual modo que, como apuntábamos antes, no se ha impuesto por decreto un cambio en el uso de *tú* y de *usted*, ni se han editado manuales de estilo al respecto, tampoco parece razonable que se nos obligue a todos los hablantes a decir *elle* o a desdoblar.. y esto debería valer también para el único ámbito en el que el lenguaje inclusivo parece haber arraigado con mayor o menor fortuna: el de la Administración…. lo cual es significativo del poco éxito que suelen tener los cambios lingüísticos que no son promovidos por los verdaderos dueños de la lengua: los hablantes.

¿Qué hacemos con tantas lenguas?

«Toda la tierra hablaba una misma lengua con las mismas palabras. Al emigrar los hombres desde oriente, encontraron una llanura en la tierra de Senaar y se establecieron allí. Se dijeron unos a otros: «Vamos a preparar ladrillos y a cocerlos al fuego». Y emplearon ladrillos en vez de piedras, y alquitrán en vez de argamasa. Después dijeron: «Vamos a construir una ciudad y una torre que alcance el cielo, para hacernos un nombre, no sea que nos dispersemos por la superficie de la tierra». El Señor bajó a ver la ciudad y la torre que estaban construyendo los hombres. Y el Señor dijo: «Puesto que son un solo pueblo con una sola lengua y esto no es más que el comienzo de su actividad, ahora nada de lo que decidan hacer les resultará imposible. Bajemos, pues, y confundamos allí su lengua, de modo que ninguno entienda la lengua del prójimo». El Señor los dispersó de allí por la superficie de la tierra y cesaron de construir la ciudad. Por eso se llama Babel, porque allí confundió el Señor la lengua de toda la tierra, y desde allí los dispersó el Señor por la superficie de la tierra.

Este relato mítico del origen de la diversidad lingüística, tal como puede encontrarse en el *Libro del Génesis,* resulta extraño a nuestra mentalidad actual. Y no tanto por las causas que aduce para explicar la existencia de los miles de lenguas que usamos los seres humanos, sino por la valoración tan negativa que hace de dicha diversidad: un castigo por la soberbia de los hombres, que los condena a no poder entenderse entre sí y que los priva, de este modo, de la posibilidad de culminar con éxito cualquier objetivo que se propongan. Hoy en día, la preservación de todas esas lenguas nos parece algo natural y es un objetivo central para cualquier política cultural que se precie. En muchos países (y el nuestro es un claro ejemplo), las lenguas minoritarias son objeto de especiales cuidados, hasta el punto de que gastamos bastante dinero en todo tipo de estrategias destinadas a promocionar su uso, aumentar su difusión y evitar su desaparición, como pueden ser su uso vehicular en la escuela, la traducción de obras maestras de la literatura universal a dichas lenguas, su empleo en la radio y en la televisión, o publicitarlas como un bien cultural a la par de la gastronomía o de la arquitectura locales. En estos momentos es posible utilizar en nuestro país algunas de estas lenguas puedan utilizarse en el propio Congreso de los Diputados y hay quien ha llegado a plantear que su estudio forme parte de la oferta académica de universidades localizadas fuera de los territorios donde se hablan. La idea de este ensayo es reflexionar, del modo más objetivo y desapasionado posible, sobre las ventajas y desventajas (porque también las tiene) de la existencia de tantas lenguas diferentes, partiendo de lo que las ciencias del lenguaje han averiguado hasta la fecha sobre las causas de la diversidad lingüística. El objetivo último (ingenuo, seguramente) es que estos argumentos formen parte del debate actual acerca del tipo de políticas lingüísticas que demanda nuestro país, en este caso, en relación con las lenguas minoritarias.

Es ya tradicional en el campo de la lingüística comparar a las lenguas con los organismos vivos. Como ellos, las lenguas nacen, se difunden, cambian, viven un momento más o menos prolongado de esplendor y terminan desapareciendo, en muchos casos dejando descendencia. El latín es un buen ejemplo. Seguimos leyéndolo y traduciéndolo, si bien nadie lo habla ya, aunque sí hablamos, en cambio, muchas lenguas que provienen de él: español, francés, catalán, rumano… Otras lenguas no han tenido tanta suerte. Nadie lee o traduce el godo, salvo un puñado de especialistas. Y hoy no se habla ninguna lengua que derive del godo. Pero al menos, conservamos unas pocas muestras de cómo fue (una traducción de los Evangelios del siglo V, por ejemplo). Un final aún más triste han tenido, en general, las lenguas que se hablaron antes de la invención de la escritura, de las que no queda testimonio directo alguno. Si el destino último de las lenguas es desaparecer, ¿qué sentido tiene esforzarse por evitar que eso ocurra? ¿Nos beneficiaría en algo que aún existiesen hablantes de godo? ¿Merece la pena gastar tiempo y dinero en preservar el ainu, una lengua moribunda hablada por apenas dos mil personas en la isla de Hokkaido, en Japón? Sin duda, hay una clara diferencia con el caso del español, el inglés o el mandarín. Estas lenguas cuentan con millones de hablantes y son muchos millones también los que desean aprenderlas, no solo para comunicarse más eficazmente con los nativos, sino para acceder de manera más directa a unas culturas pujantes, cuyos productos ya consumen masivamente en forma de cine, literatura, gastronomía o moda. El defensor de la diversidad lingüística nos dirá que cuando una lengua muere, todos nos volvemos un poco más pobres en el plano cultural, como cuando se destruye un monumento antiguo o un cuadro famoso se quema en un incendio. Y que si bien es absurdo pretender que todos conozcamos todas las lenguas del mundo, deberíamos crear, al menos, las condiciones adecuadas para que sus hablantes nativos pudieran seguir usándolas. Ello debería bastar para evitar la desaparición del ainu.. o del vasco.

No hay nada que objetar a lo anterior. Es más, cuando una lengua desaparece, se pierde también parte del material que los lingüistas emplean para entender cómo están hechas las lenguas en general, y en último término, qué es el lenguaje, de modo que se empobrece también nuestra comprensión de qué significa ser humano. Es parecido a lo que les sucede a los biólogos cuando se extinguen las especies animales: si los marsupiales hubiesen desaparecido de Australia antes de nuestra llegada a ese continente, nadie habría acertado a imaginar que algunos mamíferos pueden alumbrar a sus crías a mitad del desarrollo y hacer que lo completen fuera del útero materno. Nuestra comprensión de la vida como fenómeno natural sería, efectivamente, más pobre. Desde una perspectiva más utilitaria, la pérdida de diversidad biológica constituye un indicio de que nuestro entorno se está degradando y volviendo más hostil a esa vida (por ejemplo, porque se está contaminando). ¿De qué sería una señal, entonces, la pérdida de diversidad lingüística? Sin duda, de que nuestra riqueza cultural está menguando. Claro que igual deberíamos preguntarnos si es algo que nos preocupa verdaderamente. Basta considerar lo que comemos, la música que escuchamos o las tiendas en las que compramos, para darnos cuenta de que cada vez menos gente sigue cocinando platos tradicionales, cantando canciones folclóricas o nutriéndose de artículos locales. ¿No resulta un poco contradictorio que nos declaremos preocupados por la pérdida de la diversidad lingüística cuando al mismo tiempo la mayoría de nosotros ha optado por consumir habitualmente comida internacional precocinada, bailar al ritmo de la música anglosajona y adquirir casi todo lo que necesitamos en franquicias globales?

Por lo demás, cierta defensa de la diversidad lingüística se nutre de lo que no son sino mitos o exageraciones acerca de algunos hechos relacionados con las lenguas, los cuales es preciso examinar críticamente si queremos volver realmente productiva la discusión acerca de la necesidad de preservar las lenguas actuales. Por ejemplo, se aduce que ser bilingüe o plurilingüe constituye una ventaja. ¿Pero de qué tipo exactamente? Se supone que de muchos tipos. Hay quien afirma que usar habitualmente varias lenguas aumenta la reserva cognitiva, es decir, retrasa la aparición de procesos degenerativos como la demencia. Pero en realidad, el mismo efecto tiene cualquier otro tipo de estimulación cerebral, como resolver crucigramas o jugar a las cartas. Se suele oír también frecuentemente que hablar varias lenguas confiere una visión «más rica» de la realidad. Así, por poner el caso, si uno habla una lengua que distingue varios tipos de pasado en el sistema verbal (lo sucedido hoy, lo ocurrido hace poco, lo que aconteció hace mucho, etc.), tendría una sensibilidad mayor hacia el transcurso del tiempo o la organización de la información pretérita en la memoria. Del mismo modo, si uno habla galés, se supone que debería de sentir con más intensidad esa mezcla de deseo y añoranza que todos hemos experimentado alguna vez por lo que hemos perdido o por lo que nunca hemos tenido (o incluso, por lo que no existe, pero debería existir), por la sencilla razón de que en esa lengua existe una palabra para ese sentimiento: *hiraeth*. Si lo que se está sugiriendo realmente es que cuando empleamos lenguas diferentes vemos el mundo de forma distinta en sentido literal o lo entendemos de una forma diferente, eso no es cierto: el efecto de las lenguas sobre la percepción y el procesamiento de la información a nivel cerebral es mínimo. Todos experimentamos la realidad y la conceptualizamos de forma muy parecida. De hecho, y es justo lo que hemos hecho antes al definir *hiraeth* usando palabras del español, cualquier idea se puede expresar en cualquier lengua de una manera eficaz, aunque la lengua no tenga palabras específicas para ella (esa supuesta intraducibilidad de las lenguas es, por cierto, otro de los mitos más arraigados acerca de la multiplicidad de las lenguas). Es verdad que las lenguas son una especie de acervo o depósito de todo aquello que es importante para una determinada cultura (de ahí esa especie de aforismo que afirma que cuando una lengua muere, una cultura muere también en parte), de modo que suelen tener palabras (o incorporar a su gramática, incluso) aquellos aspectos de su entorno que son importantes para quienes las hablan. La razón es obvia: si tengo que aludir constantemente a un determinado objeto o a cierto concepto, es más cómodo hacerlo mediante una palabra única, en lugar de tener que describirlo o explicarlo cada vez que necesite mencionarlo. Ahora bien, no confundamos comodidad con precisión. Una paráfrasis puede ser igual de informativa que una palabra (el caso anterior de *hiraeth* lo demuestra)… o incluso más, precisamente por la mayor dependencia cultural o contextual de estas últimas. Así, un extranjero que sepa español, incluso si ha memorizado el significado (literal) de todas las palabras del diccionario, será incapaz de entender qué quiere decir la frase hecha «a otro perro con ese hueso», pero será capaz de comprender su significado si lee una paráfrasis semejante a la que hicimos de *hiraeth*. De igual modo, es casi seguro que identificaré mejor a una persona desconocida si mi interlocutor, en lugar de llamarla «Manolo», se refiere a ella como «el peluquero que tiene su establecimiento junto al parque y al que voy todos los meses a cortarme el pelo». No sobrevaloremos tampoco el valor de acervo cultural que pueden tener el vocabulario y la gramática de las lenguas. Ciertamente, sucede en ocasiones, que el estudio de la lengua hablada por un grupo humano que habita un lugar remoto permite descubrir especies de animales o de plantas desconocidas para la ciencia, precisamente porque esa lengua cuenta con palabras para ellas. Pero es evidente que tal descubrimiento se habría producido más tarde o más temprano (y fin de cuentas, hay miles de especies de insectos para los que ninguna lengua tiene términos específicos). En último extremo, una persona bilingüe sin estudios puede «ver la realidad» de una manera mucho más pobre que un monolingüe con amplias lecturas. No son las lenguas las que amplían nuestro horizonte cultural o vital, sino nuestra capacidad de sentir curiosidad por nuestro entorno y nuestro esfuerzo por comprenderlo.

Hasta aquí algunos de los supuestos beneficios de preservar la diversidad lingüística. En lo anterior, hemos dejado al margen la cuestión, nada baladí, de que también los hablantes monolingües usan diversas variedades lingüísticas, solo que, en lugar de tratarse de lenguas, consisten en dialectos (o variedades regionales), estilos de habla (variedades definidas por el contexto en que se emplea la lengua) o registros (el habla propia de una actividad o una profesión). En términos de posibles beneficios cognitivos o valor como acervo cultural, no hay ninguna diferencia real entre tales variedades (consideradas, en cierto modo, como de segunda clase, cuando se discute acerca de la diversidad lingüística) y las lenguas (que siempre son el objeto de atención preferente). Por ejemplo, también los diferentes dialectos del español cuentan con palabras idiosincrásicas que hacen referencia a aspectos culturales específicos de los lugares donde se hablan. Pero consideremos ahora los posibles perjuicios. ¿Es que no tiene ninguna desventaja el hecho de que cada grupo humano se exprese de una manera diferente a la de sus vecinos, hasta el punto de que no puedan entenderse entre sí? Claro que las tiene y pueden ser muchas y diversas. El autor anónimo del *Génesis* parecía ser bastante consciente de la principal de todas: las dificultades para hacerse entender. Las lenguas son, por definición, códigos lingüísticos mutuamente ininteligibles. Cuando un coreano y un español tratan de comunicarse, les resulta imposible, precisamente porque hablan lenguas distintas. Para tratar de remediarlo pueden recurrir a los gestos (que suelen ser mucho más parecidos ente las diferentes culturas, pero cuya capacidad expresiva es sustancialmente inferior a la del habla), pueden aprender sus respectivas lenguas (pero eso lleva su tiempo, de modo que mientras lo consiguen, la comunicación entre ambos seguiría siendo bastante limitada), o pueden usar una lengua común, como el inglés, que mucha gente conoce… lo que sugiere que, en realidad, y pensando en términos puramente utilitarios, las cosas serían mucho más fáciles si todos hablásemos una única lengua. Por no hablar de los costes económicos: mantener la diversidad lingüística cuesta ingentes cantidades de dinero, que sufragan traducciones de todo tipo, cursos de aprendizaje de idiomas, rotulaciones en múltiples lenguas y un largo etcétera de actuaciones diversas destinadas a asegurar la presencia de las distintas lenguas en el espacio público (la utilidad del español como lengua franca y el menor coste económico del monolingüismo son, por cierto, dos de las razones principales que aducen quienes se oponen al uso de las lenguas minoritarias en el Congreso). Pero añadamos a la anterior otra desventaja importante, sobre la que el autor del *Génesis* pasa de puntillas. Como ya se ha comentado, la lengua es uno de los principales factores que definen nuestra identidad cultural. Junto con la forma de vestir y de comer, ciertas prácticas e instituciones culturales y religiosas, y una idea de parentesco biológico, constituye uno de los vínculos cohesivos más importantes de los grupos humanos, en particular, de eso que llamamos «etnicidad». La razón es que es un rasgo identificador conspicuo (rápidamente nos damos cuenta de si otra persona habla o no nuestra lengua: basta con que empiece a emitir sonidos), constituye un vínculo significativo con el pasado cultural (en ella se expresaron también nuestros ancestros) y representa una barrera frente a otros grupos culturales (el que habla como yo, ese es de mi tribu, clan, nacionalidad o nación). Una prueba de su relevancia a este respecto es que la lengua está involucrada de una manera u otra en casi cualquier conflicto. La actual guerra en Ucrania tiene su derivada lingüística, en forma de eliminación del ruso de los territorios controlados por Ucrania y viceversa; los movimientos independentistas en nuestro país constituyen otro claro ejemplo. Esta intuición (que deviene certeza cuando se estudia la historia humana) de que las diferencias lingüísticas contribuyen a avivar y a mantener encendidos todo tipo de conflictos entre las personas explica, en buena medida, los intentos por crear y difundir una lengua universal (obviamente, tales lenguas también pretenden facilitar la comunicación, entre otras razones porque se diseñan para que sean más fáciles de aprender y de usar que las lenguas naturales). El esperanto es un claro ejemplo de lo anterior: surgido entre los movimientos internacionalistas europeos, alcanzó su mayor difusión justo antes de que la I Guerra Mundial volviese a recrudecer los conflictos identitarios en Europa… y la vuelta (¡muy emocional!) a las respectivas lenguas nacionales.

Por lo demás, es importante tener presente que, hasta hace bien poco, todas estas cuestiones relacionadas con la diversidad de las lenguas se han tratado de un modo puramente impresionista, a partir de unos pocos casos puntuales; o en el peor de los escenarios, de una manera sesgada, discutiendo ejemplos escogidos *ad hoc*, casi siempre por razones ideológicas. Afortunadamente, empieza a no ser así. Poco a poco, se están comenzando a realizar estudios de índole cuantitativa, comparando muchas lenguas, épocas históricas y sociedades ente sí, con objeto de determinar qué factores dan cuenta realmente de la pérdida de diversidad lingüística. Identificar con precisión dichos factores es el primer paso para tratar de revertir su efecto, de modo que podamos preservar el mayor número posible de lenguas. Por desgracia, y como ilustra el caso de las lenguas minoritarias en España, el debate sobre estos asuntos fuera del ámbito académico sigue adoleciendo de todos los problemas señalados anteriormente, con el agravante de que suele responder más a intereses políticos y económicos, que a los de índole cultural. ¿Qué están revelando, entonces, estos nuevos estudios? Quizás algo bastante diferente a lo esperado o incluso, a lo que nos gustaría encontrar. En un interesante trabajo publicado en 2022, los investigadores encontraron que los dos predictores más exactos de la pérdida de diversidad lingüística eran el número de kilómetros de carreteras y los años de escolarización. Dicho de otro modo, cuanto menos aisladas están las personas física y culturalmente, menor es el número de lenguas que se hablan en un determinado territorio. La explicación es sencilla. Cuando la gente vive geográficamente aislada o cuando no interactúa con personas de otras culturas (y la educación es una manera de lograrlo, tan buena o más que viajar), las lenguas que hablan van cambiando progresivamente sin que tales diferencias se atenúen. Además, seguirán usándose, por no haber incentivo alguno para aprender la lengua de otra comunidad. Es el contacto y la mezcla con hablantes de otras lenguas lo que atenúa las diferencias entre ellas, hasta el punto de que dos o más lenguas pueden fusionarse en una sola (por ejemplo, mediante procesos de préstamo), o lo que puede animar a abandonar la lengua propia y adoptar la de un grupo cultural, política o económicamente más pujante. Por consiguiente, debemos esperar que la diversidad lingüística fuese mucho mayor en el pasado que en la actualidad, por ser entonces las comunicaciones más difíciles y la alfabetización, casi inexistente. Y así es: se hablaban más lenguas (y las actuales lenguas minoritarias tenían, en proporción, más hablantes) en la Europa medieval que en la del siglo XXI. Es posible, incluso, que la diversidad lingüística alcanzase su cénit al final del Paleolítico, cuando las personas vivían en pequeñas bandas sin apenas contacto con otros grupos humanos. La pregunta es: ¿estamos dispuestos a vivir de ese modo para recuperar la diversidad lingüística del pasado?

Otro interesante estudio cuantitativo de esta índole, publicado en 2023, viene a corroborar la necesidad de reexaminar muchas de nuestras ideas, la mayoría preconcebidas, acerca de esta cuestión de la diversidad lingüística. En contra de lo que muchos pudiéramos pensar, los estados-nación modernos, surgidos tras los convulsos cambios políticos, sociales y económicos acecidos tras la desaparición del Antiguo Régimen, han sido, en general, extremadamente agresivos con la diversidad lingüística. Un ejemplo notable es Francia. Desde la Revolución de 1789, se viene presentando a este país como el paradigma de estado moderno progresista, con su defensa de la separación de poderes, el laicismo o la república como forma de organización política. Sin embargo, hoy en día, la presencia de lenguas minoritarias en Francia (los llamados *patois*) es puramente testimonial, a pesar de que hace solo tres siglos, la mayoría de los franceses no tenía el francés como lengua materna. Por el contrario, ha sido en los territorios ocupados por imperios como el austrohúngaro, conocido en el siglo XIX como «la cárcel de los pueblos», donde se ha preservado buena parte de la actual diversidad lingüística europea. Pues bien, el estudio al que hacíamos referencia sugiere que son las naciones que comparten un mismo sustrato lingüístico (y también religioso) las que más han avanzado hacia formas de gobierno democráticas. Una forma de interpretar lo anterior es que la consecución de sociedades más igualitarias puede requerir, por razones puramente prácticas (en esencia, poder conectar entre sí a un gran número de personas de orígenes culturales diferentes), el uso de lenguas francas en detrimento de las vernáculas, las cuales suelen acabar viendo reforzado, de este modo, su valor identitario (y en muchos casos, excluyente a la postre). ¿Son imposibles, entonces, los estados modernos y democráticos plurilingües? En absoluto. Un buen ejemplo es Suiza. Claro que este tipo de estados exige que las diferentes lenguas que se hablan dentro de sus fronteras convivan sin demasiada discordia, lo cual no es tan sencillo de lograr (España sería un ejemplo de esto último). Hay un par de razones para ello. Por un lado, en muchos lugares la defensa de las lenguas minoritarias se patrimonializa por parte de grupos nacionalistas, que, en realidad, aspiran a conseguir su propio estado-nación (o un control mayor sobre la economía y la política del territorio en que se habla la lengua), como sucede en nuestro país. En realidad, esta identificación entre lengua, pueblo y estado es profundamente reaccionaria y hunde sus raíces en la filosofía romántica del siglo XIX (Alemania es el estado de los alemanes, que son quienes hablan alemán). Pero incluso en ausencia de estas tensiones nacionalistas, la convivencia armónica entre las diferentes lenguas solo es posible cuando se da una situación de diglosia, lo que significa que hay un consenso (no necesariamente escrito, pero aceptado tácitamente por todos los ciudadanos) acerca de cómo se van a repartir dos lenguas las distintas funciones que han de satisfacer y los diferentes espacios sociales (una, por ejemplo, se usará en casa y con los amigos para hablar informalmente, mientras que la otra se empleará en el parlamento para tratar sobre la economía del país). Esto es lo que pasa en Suiza en buena medida con el alemán suizo y el alemán estándar. Y en muchas partes de África existe, de hecho, poliglosia: dado el notable grado de multilingüismo que caracteriza a buena parte del continente, son varias las lenguas que se reparten los diferentes dominios de uso. Sin embargo, es casi inevitable que no se alcance un equilibrio perfecto y duradero entre las lenguas implicadas, en esencia, porque cualquier sociedad está sujeta a un proceso permanente de cambio. Por ejemplo, si una de las lenguas se habla en otros países (como ocurre con el alemán estándar en el caso de Suiza), puede llegar a cundir la sensación de que resulta más útil conocerla, de manera que, con el tiempo, la lengua con menor proyección en el espacio público irá perdiendo terreno, hablándose cada vez menos. Este problema se ha vuelto particularmente acuciante en un mundo como el actual, en el que la identidad individual depende cada vez en menor medida de factores étnicos (ahora nos importa más el género o los intereses compartidos) y en el que los parámetros que definen la etnicidad se han ido reduciendo progresivamente (en gran parte de Europa ya no es la religión, por ejemplo). Como señalamos anteriormente, la lengua está íntimamente ligada a ese sentimiento étnico, de modo que una solución para potenciar el uso de las lenguas minoritarias ha sido potenciar los sentimientos étnicos, lo que en el peor de los casos acaba desembocando en actitudes xenófobas. Otro factor que actúa negativamente sobre las situaciones de diglosia es la creciente movilidad geográfica y social, que hace que resulte cada vez más beneficioso dominar alguna lengua mayoritaria.

Para revertir este estado de cosas se han implementado todo tipo de medidas destinadas a asegurar el uso de la lengua más débil, entre las que se encuentran los programas de inmersión en la escuela (usar solo la lengua minoritaria para la instrucción formal de los alumnos) o su promoción como lengua vehicular en los medido de comunicación o la administración (que los funcionarios solo empleen dicha lengua para atender a los ciudadanos). Estas medidas nos son muy familiares, porque son las que se vienen aplicando desde hace décadas en lugares como el País Vasco o Cataluña. En casos extremos (y es algo defendido por algunos lingüistas para nuestro propio país) se puede plantear excluir la lengua mayoritaria de la totalidad del espacio público. Hasta qué punto este tipo de medidas son lenitivas (ayudan a corregir una situación indeseable) o coercitivas (imponen el proyecto de una minoría a los intereses y deseos de la mayoría) es algo que la opinión pública necesita discutir con una calma a la que es ajena el debate político actual y desde luego, con un conocimiento de causa que es ajeno a la mayoría (de ahí este ensayo). En último término, emplear o no una lengua es fundamentalmente un asunto emocional (me identifico o no me identifico con ella), por lo que la mejor manera de preservar cualquier lengua en peligro de desaparición es favorecer actitudes positivas hacia ella y hacia su uso. De lo que no cabe ninguna duda es de que resulta necesario discutir con calma la proporcionalidad de las medidas planteadas con tal fin, que pueden ir desde subrayar los aspectos puramente utilitarios (conocer la lengua vernácula es una forma de garantizar la continuidad con la tradición cultural propia) hasta caer en actitudes claramente xenófobas (solo podrás vivir aquí si hablas la lengua local). Y por supuesto, no podemos excluir del debate las razones mucho menos idealistas que suelen esconder estas políticas lingüísticas, por ejemplo, una suerte de proteccionismo económico (si no conoces mi lengua, no puedes trabajar aquí, con lo que los puestos de trabajo se quedan para los locales).

En suma, la preservación de la diversidad lingüística, puesto que demanda políticas a largo plazo, involucra a muchas personas y exige ingentes recursos económicos, es una cuestión que debería ser objeto de una reflexión rigurosa y ponderada. Por un lado, ha llegado el momento de escuchar también a los especialistas en el tema: los lingüistas. Por otro, es preciso acabar con lo que ha venido siendo hasta este momento: un diálogo de sordos entre defensores y detractores del plurilingüismo (en el mejor de los casos) o un motivo de confrontación política permanente (en el peor de ellos). Como cualquier otro aspecto de nuestras sociedades, preservar las lenguas que hablamos (o al menos, evitar que muchas desaparezcan) tiene sus ventajas y sus inconvenientes, sus costes y sus beneficios. Hay que huir de un infantilismo utópico y acercarse, en cambio, a un pragmatismo razonable. El símil con la diversidad biológica vuelve a ser muy ilustrativo. Si nos preguntan al respecto, todos responderíamos que nos preocupa enormemente la desaparición acelerada de animales y plantas, y que creemos que algo así es perjudicial para nuestra especie y para el planeta en general. ¿Pero estamos dispuestos realmente a pagar el precio necesario para preservar dicha diversidad? Lograrlo exige cambiar radicalmente nuestro modo de vida: no seguir urbanizando el entorno indiscriminadamente, abandonar los combustibles fósiles, minimizar el consumo de materias primas... ¿Somos de verdad capaces de renunciar a viajar en avión dos o tres veces al año, tener coche propio y chalet en la playa, o poder consumir plátanos o melones en cualquier época del año? Lo mismo vale para la diversidad de las lenguas. En un momento dado, a lo mejor hay que aceptar que cierta pérdida de diversidad lingüística es inevitable, especialmente si el resultado son mejores condiciones de vida para las personas y entornos más igualitarios y democráticos. Las lenguas no deben ser fines en sí mismas, sino instrumentos para la consecución de sociedades más justas. Por encima del bienestar de las lenguas, está el de las personas que las hablan. Si no logramos encontrar una buena solución a este problema (que quiere decir, ante todo, una solución menos emocional y más racional), a lo mejor va a acabar siendo necesario que en este asunto del plurilingüismo procedamos como hemos hecho con otros aspectos de la diversidad cultural, en particular, con las diferentes religiones que profesamos: convertirlas en un asunto privado, de modo que cada cual hable en su casa la lengua que le apetezca, pero que todos hablemos en la plaza pública una sola lengua (y da igual cuál sea: el esperanto puede servir perfectamente). De este modo, siendo un solo pueblo con una sola lengua (al menos, de puertas para afuera), acaso podamos lograr por fin eso que el Dios del *Génesis* temía, que nada de lo que decidamos hacer nos resulte imposible.

Tú eres bilingüe, pero yo entiendo
las chirigotas de Cádiz: empate

Ahora que los gobiernos vam a ocuparse de decirnos qué cosas son verdad y cuáles son bulos, igual podrían aclararnos de una vez por todas si hablar dos lenguas supone algún tipo de ventaja. No me refiero a tener mejor sanidad, carreteras con menos socavones, más dinero para educación y hasta una agencia tributaria propia. Es evidente que esos beneficios sí los procura el bilingüismo, al menos en nuestro país. Nadie duda de que han sido las regiones en las que se hablan lenguas diferentes al español las que han demandado tradicionalmente un trato diferenciado por parte del Estado, el cual están ahora consiguiendo con creces. Y no es menos cierto que hablar una lengua distinta suele ser señal de que se es parte de una cultura distinta también, o al menos, de que se desea ser diferente al otro (aunque no se lo sea tanto realmente). Pero habría que hilar muy fino (y manipular bastante) para argumentar que la cultura andaluza se parece más a la castellana que la catalana y especialmente, para justificarlo aduciendo que se debe al hecho de no expresarse en una lengua propia. En realidad, para un lingüista, catalán y español ni siquiera son lenguas diferentes, puesto que son mutuamente inteligibles. Pero de lo que quisiera ocuparme en este ensayo no es de las razones extralingüísticas que hacen que algo que no es una lengua se considere como tal (y viceversa (algo tratado ya en ensayos anteriores)), sino de esa idea, de la que se nutre el supuesto «hecho diferencial» defendido por algunos en España, de que hablar dos lenguas te hace diferente al monolingüe y, sobre todo, comporta ventajas de las que este último se ve privado.

Resumiendo la vasta literatura existente al respecto (casi siempre apologética), serían tres las bondades de hablar más de una lengua: ejercita nuestro cerebro, nos vuelve más cultos y nos permite desenvolvernos más eficazmente en el mundo. En cuanto a lo primero, se trata, en esencia, de la famosa hipótesis de la «reserva cognitiva»: al hablar dos lenguas, el cerebro ha de usar más recursos que cuando solo se habla una, porque se ve obligado a alternar entre códigos diferentes, y eso sería tan positivo para frenar el deterioro cognitivo como lo es hacer más deporte o comer alimentos menos grasos cuando lo que se quiere ralentizar es el envejecimiento del cuerpo. En realidad, hay casi tantos estudios en contra de esta hipótesis como a favor. Y, de hecho, para el cerebro, tan positivo como hablar dos lenguas puede ser jugar al ajedrez, resolver sudokus o hacer puzles. Lo importante es usarlo. A la postre, el cerebro de un nacionalista es menos excluyente que su dueño. Por otro lado, cuando un monolingüe cambia de su dialecto al estándar, o de un registro a otro, también está cambiando de variedad lingüística, viéndose igualmente obligado a usar otras reglas gramaticales, un léxico distinto, o formas de interacción diferentes. Es más, algunas de estas variedades, especialmente las empleadas en un entorno familiar, se caracterizan por una gran dependencia contextual, lo que obliga a hacer todo tipos de inferencias y razonamientos complejos (y a recurrir a mucho de lo que conocemos sobre el mundo que nos rodea) para decodificar el mensaje. Entender la primera frase de *El Quijote* entraña una cierta dificultad, porque tiene una estructura compleja y hay palabras que han caído en desuso y cuyo significado ya no conocemos. Pero entender la letra de un pasodoble de una comparsa del carnaval de Cádiz no es menos exigente cognitivamente. A los numerosos rasgos dialectales propios del andaluz occidental, se suman muchos términos locales (o palabras que se usan en esa ciudad con un sentido que solo se encuentra allí), así como toda clase de referencias a costumbres o sucesos de actualidad acontecidos en la localidad. La prueba es que cualquier extranjero con un buen nivel de español logrará comprender el comienzo de la novela de Cervantes, pero es poco probable que se ría con una coplilla sobre la Puerta de Tierra.

Un segundo pilar en el que descansa la apología del bilingüismo es que las lenguas son una ventana a las culturas que las hablan, por lo que saber más lenguas amplía nuestro conocimiento sobre los hechos humanos y su diversidad. Sin duda, las lenguas tienen palabras (y muchas veces llevan a su gramática) todo aquello que es relevante para sus hablantes. Y se puede conocer mucho de una cultura estudiando la lengua que habla. Pero lo mismo cabría decir de las culturas cuyo vehículo de expresión es una variedad de una lengua. ¿O es que estamos sugiriendo que la cultura andaluza es más pobre y menos digna de atención que la catalana solo por el hecho de usar un dialecto del español para manifestarse y no una lengua diferente? ¿O que la cultura gitana es menos idiosincrásica que la vasca por haber abandonado el romaní y emplear también el español como lengua vehicular? Se suele aducir además que diferentes lenguas comportan modos distintos de ver y entender la realidad. Pero eso es muy discutible. Tales efectos, si bien existen, son sutiles y es más que dudoso que un bilingüe cambie sustancialmente su manera de ver el mundo cuando cambia de lengua. O si lo hace, no lo hará en mayor medida que cuando un andaluz deja de usar el gaditano y pasa a utilizar el español estándar. O sea, bien poco…

Finalmente, respecto a la utilidad de hablar más de una lengua, lo cierto es que casi ningún adulto consigue dominar una lengua extranjera con la competencia de un nativo, de modo que siempre verá limitadas sus habilidades comunicativas en dicha lengua. Y respecto a los bilingües de nacimiento, en la mayoría de los casos suele predominar una lengua, o más frecuentemente, suelen conocer mejor y usar en mayor medida una variedad concreta de cada lengua (típicamente, emplean la variedad coloquial de una de ellas en casa y la variedad formal de la otra fuera de casa, pero se manejan peor, en cambio, con la variedad formal de la primera y con la coloquial de la segunda). Es más, hablar varias lenguas tenía sentido y utilidad en un mundo en el que solo sabiendo la lengua del otro era posible comunicarse con él y llegar a conocerlo. Hoy, en cambio, abunda la información sobre cualquier cosa y está disponible para todos en todo momento. Y más importante aún, las traducciones que hace la inteligencia artificial superan ya, con creces, a las que haría el 95% de quienes han estudiado (a fondo) una lengua extranjera o incluso, de los bilingües no equilibrados. En pocos años, no harán falta traductores humanos, con lo que ser bilingüe no comportará ninguna ventaja utilitaria. Uno podrá moverse por el mundo traduciendo en tiempo real todo lo que vea, y con el tiempo, todo lo que escuche. Alguien dirá que nunca una máquina podrá traducir un poema igual de bien que una persona. Y tendrá razón. Pero no nos engañemos: la inmensa mayoría de los bilingües traduce mal la poesía y desde luego, bastante peor que ChatGPT. Porque el mejor traductor de un poema no es el experto en la lengua original, sino el que es poeta en su propio idioma. Todo lo demás para lo que usamos las lenguas (hablar del tiempo, saludar y despedirnos, pedir información, saber cómo poner la lavadora) podrá ser perfectamente satisfecho con las traducciones que nos proporcione ChatGPT. Con el tiempo, es posible que la verdadera ventaja estribe en ser monolingüe… un monolingüe con una elevada competencia en todos los registros de su lengua, por supuesto. Paradójicamente también, la traducción automática puede convertirse en el mejor auxiliar de la diversidad lingüística: cuando todo el mundo sea entendido al hablar o al escribir en su propia lengua, incluso si es usada solo por unos pocos miles de personas en todo el planeta, no habrá ningún incentivo para abandonarla y adoptar otra lengua más difundida o de mayor prestigio, que es justo lo que sucede en la actualidad y la causa principal de la extinción de las lenguas.

En definitiva, si al final de lo que se trata es de consagrar la desigualdad de los españoles, que sea como consecuencia de las ecuaciones de *monsieur* D'Hont o del pernicioso frentismo político que se ha instalado en nuestro país, pero que se nos evite, al menos, tener que tragarnos esa amarga píldora acompañada del empalagoso discurso de las ventajas del bilingüismo. A la vista está que casi ninguna de ellas soporta un análisis serio, de ahí, probablemente, que casi nunca se vea a un lingüista (sin carné de partido, se entiende) en los debates políticos donde se dirime este modelo de organización territorial (llámese nación de naciones, federalismo asimétrico o estado pluricéntrico) pensado para que unos españoles tengan más derechos que otros.

Todas las familias se parecen

En realidad, lo que dijo Tolstói es que solo se parecen las familias felices y que las infelices lo son cada una a su manera. Pero en ese comienzo de *Anna Karénina*, el escritor ruso estaba pensando, claro está, en desdichas, cuitas y calamidades, que pueden ser, ciertamente, tan diversas como para llevar a una aristócrata a arrojarse, desesperada, ante un tren en marcha. En cambio, si atendemos al modo de verbalizar las cosas (y en general, de comunicarse), todas las familias, también las infelices, se parecen entre sí… y mucho. En todas, suele bastar una única palabra para que sus miembros sepan qué ocurre (cuando a los desconocidos hay que proporcionales todo tipo de explicaciones), les es posible pedir algo recurriendo a un mero gesto (mientras que con un extraño darían todo tipo de rodeos verbales antes de rogarle, ¡por fin!, que pase el salero) y recurren a palabras que solo ellos conocen para hacer referencia a los objetos más prosaicos (como los zapatos o el baño) y a esas cosas que les ocurren a todo el mundo (como llegar tarde a la cena o resfriarse), creando en quienes los escuchan un sentimiento de otredad. Así, en algunas casas, a ella siempre se le escapa un «ca ofusín» ('te quiero') cada vez que él le propone coger la «ciruelita» ('el coche') y pasar el día en «Matalascaquis» ('Matalscañas'), mientras que en otras ella, no menos contenta, le dirá a él, embobada, «te odio mucho, gordopilo».

Ya sabíamos que una lengua no es algo homogéneo. Que el español que se oye en Oviedo se diferencia del que usamos en Sevilla y que no hablamos igual en clase de álgebra que cuando bajamos a la tienda a comprar el pan. Que hay rasgos y usos que distinguen la forma de expresarse de los hombres de la de las mujeres, o que el lenguaje de los niños es distinto al de los ancianos. Pero por razones obvias, se han estudiado mucho menos los modos más privados de usar nuestra lengua, entre los que destacan estas variantes familiares o *familectos*. De hecho, los familectos constituyen una fascinante mezcla de tres variedades lingüísticas diferentes, todas muy apartadas del estándar, esto es, del español que solemos oír en un aula universitaria, escuchar al presentador del telediario o enseñar a los extranjeros. Por un lado, está el español coloquial, que es el tipo de lengua que utilizamos en contextos informales para comunicarnos con personas que nos son conocidas. Por otro, se encuentra el habla infantil, esa forma peculiar de español, simplificada y modificada, que se oye a los niños cuando están adquiriendo el lenguaje. Incluyamos también aquí esa otra, no tan diferente, que es la manera en que los adultos nos dirigimos a ellos, pensada para que nos entiendan mejor, pero también para transmitirles nuestro afecto… y para divertirlos. En verdad, hay mucho de juego en *Matalascaquis* y en *gordopilo*: las palabras se modifican para crear aliteraciones, repeticiones o eufonías. O se les añaden terminaciones que causan la risa. O se usan con sentidos extravagantes. Un familecto no solo es una forma de hablar entre personas muy próximas: es también una manera de reforzar esos lazos íntimos a través del humor. Finalmente, está el lenguaje secreto, como las germanías del Siglo de Oro, o el lunfardo bonaerense, que sirven como código, normalmente entre delincuentes, y no solo para ocultar información a los extraños, sino también para reconocerse entre sí. Y un familecto también es eso: una seña de identidad que diferencia a los miembros de una familia de quienes no pertenecen a ella, como ese álbum de fotos en el que solo salen ellos y que hojean juntos de vez en cuando (casi siempre en fechas señaladas de la historia familiar).

Realmente, con los familectos nos encontramos bastante lejos ya de la lengua entendida como una herramienta para comunicar ideas sofisticadas de modo eficiente a personas que pueden sernos por completo ajenas (un ejemplo sería esta tribuna). Como hemos visto, en los familectos priman usos bien diferentes: reforzar vínculos, jugar, marcar la identidad…. combinados en proporciones variables. Sumemos a lo anterior el carácter multimodal de la comunicación, porque, a diferencia de lo que sucedía al abrir la novela de Tolstói, la información fluye aquí por múltiples canales, ya que no solo importan las palabras, sino también la entonación que les damos, los gestos que las acompañan, el modo en que nos colocamos al hablar: imágenes, sonidos, roces y hasta olores… casi todos los sentidos intervienen en el acto comunicativo. Y, sin embargo, lejos de ser una mera curiosidad o una anomalía, los familectos constituyen probablemente la ventana más nítida a cómo surgió y cómo fue el lenguaje a lo largo de nuestra historia. Porque hasta que no nos volvimos sedentarios, tras domesticar plantas y animales, y construir las primeras ciudades, vivimos casi exclusivamente en familia (clanes y tribus no son más que familias muy amplias). Y los usos principales dados al lenguaje fueron, secularmente, los que priman en esta variedad: reforzar la identidad del grupo, afianzar los lazos entre sus miembros y llevar a cabo tareas conjuntas. Y jugar, cómo no: divertirse experimentando con formas y significados (como en los chistes, trabalenguas y adivinanzas), disfrutar contando imaginativas narraciones… para reforzar más todavía los vínculos entre las personas. Nos hemos pasado la vida estudiando las magnas obras de la literatura o las palabras pronunciadas por los grandes hombres en los momentos más solemnes del pasado, pensando que de este modo no solo lograríamos comprendernos mejor a nosotros mismos, sino, en particular, entender mejor la naturaleza de lo que nos hace más humanos: el lenguaje. Y resulta que para ello bastaba, en realidad, con mirar hacia adentro, a lo más íntimo de cada cual, porque allí estaba el origen de todo.

Teseo en Euskadi

Hace no demasiado tiempo, en una de sus intervenciones en el Congreso de los Diputados, el portavoz del PNV, Aitor Esteban, afirmó lo siguiente: «Los vascos tenemos un idioma propio y no proviene del latín. No está emparentado con ningún otro idioma. Es la lengua más antigua de Europa. Somos una nación, ya lo creo que lo somos». Sin duda, toda colectividad tiene derecho a sentirse nación (o cualquier otra cosa) si así lo estiman sus miembros. Basta leer la primera acepción del término en el diccionario ('conjunto de los habitantes de un país regido por el mismo Gobierno') para entender que pueden ser nación los vascos, pero también los habitantes de la comarca del Aljarafe, puesto que se trata, igualmente, de un territorio con rasgos geográficos y culturales distintivos, que es justo en lo que consiste un país. Respecto a la apelación que hace Esteban a la lengua como fuente de legitimidad de las aspiraciones vascas, tampoco hay nada novedoso en ello, porque la lengua es, ciertamente, uno de los componentes fundamentales de la identidad cultural y desde el Romanticismo, ocupa un lugar preferente en las luchas por la emancipación política de las naciones. Lo que me interesa en este ensayo es mostrar cómo esa idea de la excepcionalidad del vasco, que se ha usado ampliamente para tratar de conferir más legitimidad si cabe a las aspiraciones políticas del nacionalismo vasco, es solo otro ejemplo, aunque especialmente contumaz, de eso que hoy se llama «relato», cuando tales relatos no son, en puridad, sino versiones sesgadas (e interesadas) de la realidad.

Toda lengua es resultado de la evolución de una lengua anterior, pero también del contacto con otras lenguas coetáneas. Y toda lengua viva está en permanente proceso de cambio. Ni siquiera el vasco escapa a esta regla. El vasco actual no es el vasco hablado hace 2000 años (de hecho, lo que se enseña hoy en las escuelas es una variedad artificial creada hace unas décadas a partir de diferentes dialectos). A lo largo de su historia, el vasco ha incorporado numerosos elementos de las lenguas vecinas, hasta el punto de que un tercio, al menos, de su vocabulario es de origen romance (la expresión en vasco más conocida, *agur* 'adiós', procede del latín *augurium* 'presagio'). Hay lenguas mucho más conservadoras, como el islandés, cuyo léxico sigue siendo casi totalmente germánico. Ciertamente, la gramática del vasco es muy diferente a la de las lenguas con las que ha convivido, como el francés o el español. Pero tampoco tiene nada de excepcional, puesto que sus rasgos distintivos pueden encontrarse en muchas otras lenguas del mundo. Lo llamativo del vasco es, efectivamente, su aislamiento dentro del actual panorama lingüístico europeo, dominado por las lenguas indoeuropeas (como el español, el ruso o el griego) y el hecho de que, además, no se le conocen parientes próximos. Pero de nuevo, esta circunstancia no implica excepcionalidad alguna. Tampoco se les conocen a otras lenguas actuales, como el ainu, que se habla en el norte de Japón, o a varias lenguas de la antigüedad, como el sumerio o el etrusco. Eso no implica que estas lenguas surgieran por generación espontánea: simplemente, son lenguas que siguieron usándose cuando los hablantes de otras lenguas próximas desaparecieron o, más frecuentemente, adoptaron una lengua de otro grupo lingüístico, como sucedió en casi toda Europa tras la llegada de los indoeuropeos (un pueblo tan antiguo como el vasco, por cierto). En realidad, se han sugerido algunos posibles parientes del vasco (como el íbero). Al mismo tiempo, muchos de los actuales hablantes de español somos descendientes de gentes que hablaron lenguas parecidas al vasco (genéticamente, nada nos diferencia de los vascoparlantes de hoy). Y ni siquiera el vasco se habló históricamente en los lugares donde ahora se lo escucha con más frecuencia. Y, en fin, basta retrotraerse algo más en el tiempo para que esa etiqueta de «lengua más antigua de Europa» deje de tener sentido: hace 40.000 años, cuando los seres humanos ya hablaban lenguas parecidas a las actuales en otras partes del mundo, en lo que en estos momentos es el País Vasco solo habitaban algunos neandertales, cuyas posibles lenguas nada tienen que ver con el vasco de hoy. El vasco no es, así, ningún fósil de un pasado remoto; todo lo más es una lengua relicta, como el pinsapo que crece desde el Terciario en las sierras de Cádiz y Málaga... lo cual vuelve a ambos muy interesantes, pero no excepcionales.

En suma, si se examina la historia del vasco con la suficiente perspectiva (y la imprescindible objetividad), se ve que es una lengua que, como cualquier otra, deriva de otras lenguas, ha cambiado con el tiempo, se ha desplazado geográficamente y ha sido hablada por gentes de diferentes orígenes. Y pasa lo mismo, de hecho, con la identidad cultural vasca. Los vascos de hoy no son animistas, sino católicos; no son, en su mayoría, ganaderos o agricultores, sino que trabajan en la industria o en los servicios; y entre su gastronomía distintiva destaca el marmitako, que habría sido imposible de preparar hace solo 500 años, porque, salvo el bonito, todos sus ingredientes son originarios de América: el pimiento, el tomate y la patata. La identidad cultural (y eso incluye a la lengua) es algo en proceso constante de reelaboración. No hay una identidad cultural pura e ideal anclada en el pasado que se transfiera intacta de una generación a otra. En el fondo, el nacionalismo vive preso de la paradoja de Teseo, referida por Plutarco: cuando los atenienses fueron reemplazando las tablas podridas y los clavos oxidados del barco en el que Teseo retornó a Atenas desde Creta, ¿conservaron realmente el barco original o lo que acabaron atesorando con tanto celo fue ya un barco nuevo?

Andaluz batúa

En esta España centrífuga que nos ha tocado padecer, ser nacionalista es apostar a caballo ganador. Nuestra constitución, a diferencia de la portuguesa, no prohíbe los proyectos políticos insolidarios, los cuales, por si no fuera poco, se ven premiados por nuestro aberrante sistema electoral, para el que un hombre no es igual a un voto. En último término, el discurso nacionalista triunfa porque apela a lo más básico de nuestra condición, que no es tanto el miedo al otro, cuanto el deseo de no compartir lo que uno posee. Porque hoy día, nacionalistas no son en España quienes tratan de defender una identidad cultural propia (más amenazada, de hecho, por la epidemia de la globalización que por cualquier política que adopte el Gobierno central), sino quienes aspiran a no seguir sufragando con su dinero las necesidades del resto de sus compatriotas. En nuestro país, ser nacionalista es cosa de ricos. Pero como ser rico y querer serlo aún más está mal visto, los nacionalistas disfrazan sus pretensiones con la decimonónica idea de que solo aspiran a gobernarse a sí mismos por ser un «pueblo» y que lo son, entre otras cosas, por hablar una lengua distinta al español. El corolario es que a los pobres nos iría bastante mejor si tuviésemos lengua propia.

Como ya hemos discutido suficientemente en ensayos anteriores, los lingüistas consideramos que dos formas de comunicarse constituyen lenguas diferentes si no son inteligibles entre sí. Si trato de hablar con un indio hopi, no comprenderé nada de lo que dice, como tampoco él me entenderá a mí. En consecuencia, hopi y español son lenguas diferentes. Desde esta perspectiva, el portugués y el español no son más que variedades geográficas de una misma lengua, que podemos llamar *romance*. Así, aunque no haya estudiado portugués, si compro *Diário de Coimbra*, seré capaz de enterarme de casi todo lo que ha sucedido en la bella ciudad junto al Mondego. Que las consideremos lenguas diferentes se debe a otras razones: políticas (se hablan en países diferentes), sociológicas (ambas tienen prestigio), educativas (sus gramáticas se han codificado, se escriben de forma diferente, se estudian en los colegios y se enseñan a los extranjeros) y culturales (se ha desarrollado una literatura culta en cada una de ellas). El lingüista Max Weinreich recogió todas estas circunstancias en un conocido aforismo: «Una lengua es un dialecto con un ejército y una armada». Hoy, que somos algo menos beligerantes, podríamos reformularlo diciendo que «una lengua es un dialecto con una agencia tributaria propia».

¿Y el andaluz? ¿Es una lengua? Los expertos dicen que no, que en Andalucía lo que hay son «hablas», es decir, variedades regionales del español. Aducen que, a diferencia del portugués, el andaluz es una evolución del castellano, mientras que el portugués lo es del latín: como hace más tiempo que se habló latín, se han acumulado más diferencias entre el portugués y el español que entre el castellano y el andaluz, de ahí su estatus de lengua. Pero como descubrió Einstein, esto del tiempo es muy relativo: mientras que afirmamos que el andaluz no es una lengua, decimos que serbios y croatas hablan lenguas diferentes, a pesar de que lo que hablan (serbocroata) se parece más entre sí que el habla de Granada a la de León. Hay otra razón para no considerar lengua al andaluz: cuando los andaluces hablamos en contextos formales, tendemos a usar la variedad de español que llamamos estándar (en esencia, algo parecido al castellano), lo que no hacen los portugueses. Y sobre todo, escribimos lo que hablamos de forma diferente a ellos… y de manera idéntica a murcianos o venezolanos. ¿Y el resto de los factores que hacen de una variedad lingüística una lengua? ¿Impiden que el andaluz lo sea? No. Yo diría que existe una genuina literatura en andaluz y sobre lo andaluz, y que nuestra cultura es tan rica o más que la de cualquiera.

Si ser nacionalista de primera y poder recibir un trato especial por parte del Estado, pasa, a lo que parece, por tener lengua propia, lo que necesitamos es tener una. Prescindamos de las habituales reivindicaciones más o menos sentidas sobre la necesidad de que se respete nuestra forma de hablar y hagamos nacer la lengua andaluza. Cualquier lingüista conoce el protocolo. Bastaría con crear una variante unificada de todas las hablas andaluzas y promover su aprendizaje y su uso en la comunicación culta, tanto oral (por ejemplo, al dar clase en la Universidad), como escrita (prensa, literatura). Hagamos, en realidad, justo lo que se hizo con el vasco cuando se creó el euskera batúa a partir de dialectos que podían ser más diferentes entre sí que cualquiera de las llamadas «hablas andaluzas». Y por supuesto, acompañemos el proceso de una buena campaña de promoción de este andaluz batúa, no solo entre los andaluces, sino también fuera de Andalucía, que encomie nuestras señas identitarias y sobre todo, resalte los agravios que hemos sufrido históricamente por parte del Gobierno central. Con estos mimbres, solo bastaría esperar a que surgiese un partido nacionalista andaluz que, dado el peso demográfico de Andalucía, se convertiría en un árbitro de la política nacional más decisivo que cualquier partido vasco o catalán.

Personalmente, prefiero una España solidaria, en la que las regiones ricas ayuden a las pobres y en las que las personas sean iguales con independencia de lo que hablen, coman o sientan. Pero si vamos a jugar al nacionalismo, los demás queremos dejar de ver el partido desde la banda.

Derechos, derechos y más derechos

Llevamos ya muchos años oyendo hablar de derechos lingüísticos. En su versión más razonable, se trata de procurar que los hablantes de una lengua puedan usarla en su vida cotidiana y, sobre todo, que no sean perseguidos o estigmatizados por ello. Claro que en un país tan poco razonable como el nuestro esta justa reivindicación ha devenido en algo que se ha llamado «políticas de normalización», las cuales, en aras del retorno a un pasado imaginario, están tratando de hacer con el español en muchos territorios lo que históricamente nunca llegó a hacerse realmente con el resto de las lenguas que se hablan en ellos: expulsarlo de la vida pública…o sea, conculcar, precisamente, los derechos lingüísticos de los castellanohablantes. Hay inexactitudes de toda clase y condición en las justificaciones que se dan a tales políticas (desde el discutible estatus de lengua de muchas de las variedades lingüísticas que se emplean en esos lugares, hasta la genuina naturaleza del paisaje lingüístico de esas zonas, que nunca fue homogéneo) y hay tantos intereses espurios explicando por qué se aplican realmente esas políticas (al final la lengua es solo una excusa para seguir siendo insolidarios con las regiones menos favorecidas). Una parte de ellas se han tratado en ensayos anteriores, pero es cierto que haría falta todo un libro para tratar el asunto como merece. Pero lo que aquí quiero traer a colación es la reciente llegada de una nueva hornada de derechos lingüísticos: los denominados *derechos sociolingüísticos*. Se trata, ahora, de legitimar que los hablantes de una lengua concreta puedan usar libremente la variedad de dicha lengua que adquirieron en el entorno familiar, en general, alguna variante social de alguno de sus diferentes dialectos (por ejemplo, el habla popular de Sevilla).

Como pasa en teoría con casi todas estas políticas lingüísticas, hay también una loable intención en esta vindicación de los derechos sociolingüísticos. Frente a la lengua estándar (la variedad con más prestigio, que aprendemos en la escuela y tendemos a usar en los contextos más formales, y que suele corresponderse, en origen, con la forma de hablar de los grupos dominantes), otras variedades están, ciertamente, estigmatizadas. Técnicamente, esto quiere decir que tienen menos prestigio y que son menos imitadas, pero en la práctica, tal estigmatización puede (y suele) conducir a la burla o el desprecio de sus usuarios, que pueden llegar a avergonzarse de su forma de hablar. Ahora bien, como sucede, en general, en la vida, hay que ser prudente al aplicar cualquier medida correctora: demasiada dosis de un fármaco puede convertirlo en un tósigo. ¿Estamos sugiriendo que cada cual hable como le dé la gana en cualquier contexto? ¿O, peor aún, que si alguien nos pide (o espera de nosotros) que empleemos la lengua estándar estaría conculcando nuestros derechos? A poco que uno lo piense se dará cuenta de que el comportamiento en sociedad está regulado hasta en sus más mínimos detalles. Nos vestimos de forma diferente según el sitio al que vamos y no comemos del mismo modo en todas partes. No creo que nadie defendiera el derecho a cantar en voz alta o a silbar cuando nos apetezca, con independencia de lo que puedan opinar los demás. ¿Por qué entonces deberíamos sostener lo contrario cuando se trata de la forma de hablar? Defender que la variedad estándar es discriminatoria hacia quienes no la usan cuando sí procede hacerlo es como defender que el camarero nos está discriminando al reconvenirnos por poner los pies sobre la mesa en un restaurante, que es justo lo que no se espera que hagamos. Aprender la lengua estándar no difiere de aprender cualquiera de las muchas normas que gobiernan (afortunadamente) la vida en sociedad.

Pero hay algo más. Si se trata de legitimar tales derechos sociolingüísticos, debería bastar con defender el que asiste a toda persona a ver respetada su imagen pública (claro que este derecho limita con el deber que también tenemos de respetar la de los demás). No obstante, muchas veces se recurre para ello a un argumento falaz: la supuesta igualdad de las lenguas y, por inclusión, de las variedades lingüísticas; en esencia, a la idea de que no hay necesidad de aprender la lengua estándar (ni obligación de usarla) porque no hay lenguas ni variedades lingüísticas mejores o peores, más eficaces o menos útiles a la hora de satisfacer las funciones para las que sirve el lenguaje (pensar, trasmitir información, organizar la vida en sociedad). Eso no es exacto. Las lenguas, como los seres vivos, se adaptan al entorno en que se usan, de modo que cabe esperar que, si una sociedad prima alguna función del lenguaje, los recursos de la lengua dedicados a satisfacer dicha función ganen también preeminencia. Así, se ha observado que las lenguas habladas por sociedades sociopolíticamente más complejas tienen vocabularios más amplios y una sintaxis más sofisticada (porque han de comunicar mensajes diversos a usuarios muy diferentes entre sí). En cambio, las sociedades más cerradas suelen tener inventarios más extensos de modismos y frases hechas, porque poseen un mayor valor identitario. En suma, aunque lenguas y variedades están óptimamente adaptadas a las funciones que deben ejercer, la importancia de tales funciones cambia de un lugar a otro, de ahí que no todas las lenguas o variedades puedan satisfacer igual de bien todas las funciones.

La conclusión de todo lo anterior es simple: las lenguas y sus variedades no son fines, sino medios, y el respeto como hablantes no lo merecemos por cómo decimos las cosas, sino por lo que decimos y sobre todo, por la intención con la que lo decimos.

El marciano chomskiano y los terrícolas glotófobos

Debido a que nuestros políticos son expertos en meterse en todos los charcos inimaginables, a cada poco se llenan de artículos de opinión en los que, a resultas de algún comentario de alguno de ellos, se discute con verdadero apasionamiento si los andaluces debemos sentirnos ofendidos o no cuando alguien imita nuestro acento... claro que no menos llenos suelen estar los diarios de no menos apasionadas polémicas acerca de si valenciano y catalán son lenguas diferentes o se trata, por el contrario, de dialectos de la misma lengua; de si ser bilingüe es más positivo para el cerebro que hablar una sola lengua o si se puede ser tonto en cinco idiomas (como decía Ortega de Madariaga); de si quien habla euskera ve el mundo de modo distinto a quien tiene el español como lengua materna o si en ambos casos se es igual de ciego a la realidad; o en fin, de si hay que llamar macetas a los tiestos o tiestos a las macetas. Desde Marte, nuestros vecinos alienígenas (si Bradbury o Wells tenían razón) han de asistir atónitos a toda esta babel. Porque, como ya decía el famoso lingüista Noam Chomsky, «un científico marciano capaz de usar la razón encontraría, a buen seguro, bastante superficial toda esta diversidad, hasta el punto de pensar que todos los seres humanos hablan la misma lengua, con diferencias mínimas de unos a otros». Efectivamente, todo es cuestión de perspectiva...

Ahora bien, el gran problema de nuestro científico marciano es, justamente, su racionalidad. En contra de lo que nosotros mismos queremos creer, el principal uso que damos al lenguaje no es el de báculo del pensamiento o vehículo de transmisión de nuestro conocimiento sobre la realidad. Un estudio reciente ha revelado que hasta el 85% de nuestras conversaciones gira en torno a asuntos sociales, como quién hizo qué a quién (y por qué), quién es el dueño de qué (y para qué lo usa), cuánto gana X (y en qué se gasta todo ese dinero) o de dónde es Y (seguro que de un lugar bien feo). Incluyamos también aquí la manipulación («llévate esto», «tráeme eso», «hazme aquello») y el mero mantenimiento de los vínculos sociales («buenos días» (y eso que llueve)», «nos vemos» (aunque no me apetece) o «¿qué tal estás?» (claro que no me importa gran cosa)). Pero incluso siendo así y siendo no menos consciente de que todas las lenguas están hechas, efectivamente, de un modo muy parecido y pueden satisfacer igual de bien todas estas funciones (o cuando menos, desarrollar los mecanismos necesarios para lograrlo), nuestro vecino alienígena seguirá perplejo ante la importancia que damos a saludar en gallego o en portugués, pedir las cosas en andaluz o en murciano, o despedirse diciendo «Adeu» en lugar de «hasta luego». ¡Y claro que la tiene! La tiene desde el momento en que las lenguas y sus variedades no son meras herramientas, sino que son también parte consustancial de nuestra identidad. Igual que lo que somos viene dictado, hasta cierto punto, por el modo en que nos vestimos o por la manera en que comemos, la variedad lingüística que hablamos nos identifica ante los demás (si dices *no ni na*, entonces debes de ser andaluz) y nosotros nos identificamos con ella (nos proporciona un sentimiento de comunidad y nos permite entroncar con nuestros antepasados, con sus relatos y sus creencias). Tanto es así, que muchos de los que, como Zamenhof, el creador del esperanto, soñaron con que todos los hombres hablasen una sola lengua (como antes de la Torre de Babel), lo hicieron, entre otras razones, para reducir el papel que la lengua tiene como señal identitaria en la mayoría de los conflictos (¿hace falta salir de España para buscar ejemplos?). «La multiplicidad de las lenguas es la causa primera, o al menos la más influyente, de la división de la familia humana en grupos enemigos», dejó escrito Zamenhof.

Y, sin embargo, ninguna lengua con vocación de universal ha terminado siéndolo. El esperanto apenas lo hablan (siempre como segunda lengua) unas 100.000 personas, a pesar de ser una lengua diseñada para que sea fácil de aprender y de usar... sí, efectivamente, justo lo que nuestro racional científico marciano consideraría una lengua ideal y la que él esperaría que todos los humanos hubiesen adoptado. Pero nuestra especie no es solo razón pura; es también emoción, visceralidad, pulsión. Hemos evolucionado para ser muy tolerantes con quienes nos son afines (en esencia, los que portan nuestro ADN) y muy agresivos con los extraños. Nuestros primos los chimpancés son agresivos con todos; los bonobos, con nadie. La educación puede atemperar nuestra naturaleza, pero que cambie para siempre, exige que nuestra fisiología se transforme y eso lleva siglos o milenios. Seguiremos por un tiempo considerable fragmentados en grupos diversos y continuaremos usando la lengua (o los dialectos o los acentos o las palabras concretas) para marcar al que no es como uno. No se trata de aceptar sin más las cosas tal como nos vienen dictadas por nuestra biología, pero tampoco sirve de nada estigmatizar estos comportamientos y tildarlos de glotofobia («odio al que habla diferente»). En lugar de señalar, prohibir y castigar, quizás la solución pase por recurrir más a otra de las funciones que también tiene el lenguaje: entretener y divertir. Acaso nos fuese mejor si reemplazásemos tantas leyes lingüísticas por más humor lingüístico, y contásemos más chistes sobre cómo hablan andaluces, argentinos o la gente de campo... eso sí, contando el mismo número de chistes sobre cómo se expresan madrileños, profesores de universidad y gente de clase alta. En lugar de ofenderse tanto por las cosas de la lengua, riamos más sobre y merced a la lengua.

Leer es raro (y puede volverse más raro aún)

En la mayor parte de las sociedades actuales saber leer (y escribir) se considera algo positivo. Las razones son múltiples y pueden encontrarse, a buen seguro, en la práctica totalidad de las numerosas publicaciones que se ocupan de esta cuestión de la lectoescritura, desde las más especializadas hasta las de índole más divulgativa. Tales bondades constituyen la base de las campañas de promoción de la lectura y en general, de los esfuerzos por alfabetizar a la población y mejorar su comprensión lectora. La principal ventaja de la escritura es, sin duda, que permite almacenar gran cantidad de información durante tiempos prolongados y compartirla además con un elevado número de personas, no necesariamente coetáneas y situadas en el mismo lugar en que se encuentre uno. Al mismo tiempo, es también un elemento cohesionador de las sociedades, no solo por las razones anteriores, sino porque, a diferencia de lo que sucede cuando hablamos, al escribir todos empleamos una variedad muy semejante de nuestra lengua, lo que facilita aún más la comunicación y, sobre todo, refuerza los vínculos identitarios. Pero hay también indicios de que la lectoescritura modifica nuestros procesos mentales. Por ejemplo, nos ayuda a estructurar de forma más exacta y sofisticada contenidos más complejos, de tal modo que leer (y escribir) puede considerarse una suerte de ejercicio mental que procura también beneficios cognitivos. Sin embargo, la lectoescritura constituye una anomalía a muy diversos niveles: social e histórico, sin duda, pero también cognitivo y hasta evolutivo. El objetivo de este ensayo es caracterizar con cierto detalle dicha anomalía y defender en última instancia la idea de que conociendo las limitaciones que también posee la lectoescritura (y no solo sus beneficios) podremos discutir con mayor fundamento su papel en nuestro futuro más inmediato, en un momento en que un creciente número de innovaciones tecnológicas parecen estar amenazando su primacía como herramienta cultural privilegiada, de la que ha venido disfrutando durante los últimos milenios. Conocer en qué sentido la lectoescritura es una actividad anómala debería ayudar también a procurar una atención más eficaz a las personas que tienen dificultades para adquirir esta capacidad, como sucede típicamente con los disléxicos.

Es una obviedad (incluso para el lector menos familiarizado con los asuntos lingüísticos), que la mayoría de las lenguas no se han escrito hasta tiempos muy recientes (muchas solo lo han sido, de hecho, cuando han sido descritas por primera vez por los lingüistas) y que incluso lenguas con una dilatada tradición de escritura no lo fueron durante buena parte de su historia (como pasó como el griego, hasta la adopción del alfabeto fenicio; el inglés, hasta que los anglosajones no emigraron a Inglaterra; o el ruso, que solo se escribió cuando los pueblos eslavos fueron cristianizados y se desarrollaron los alfabetos glagolítico y cirílico). Incluso cuando las lenguas contaron finalmente con escritura, solo sabía escribir y leer un reducido porcentaje de la población. Durante mucho tiempo, la lectoescritura tuvo por todo ello un notable valor social, en el sentido de que dominar esta habilidad permitía acceder a ocupaciones cualificadas (y mejor remuneradas). Y es muy significativo de este carácter elitista el hecho de que hasta el Renacimiento lo que se aprendía a leer y a escribir no era siquiera la lengua propia, sino una lengua ajena de prestigio, normalmente el latín o el griego clásicos. Con el tiempo, el hecho de saber leer y escribir ha ido reforzando su valor, pero también adquiriendo otros nuevos. Hoy en día asociamos la lectura al desarrollo cultural (nos permite adquirir conocimientos de todo tipo), personal (leer lo que escriben los demás es una manera de acceder a la vida interior de otras personas) y hasta cognitivo (como apuntamos anteriormente, la lectoescritura nos entrena para estructurar mejor el pensamiento y transmitir la información de un modo más eficaz). Por todas estas razones, la alfabetización, primero, y la promoción de la lectoescritura, después, se han convertido en componentes fundamentales de las modernas políticas educativas y sociales. Una señal más de esta preocupación por difundir en la mayor medida posible las habilidades de lectura y escritura entre la población lo constituyen los programas destinados a ayudar a las personas con dislexia, en las que tales capacidades se ven mermadas. El resultado ha sido la alfabetización casi generalizada de la mayor parte de los países, especialmente de los más desarrollados. Cuestión diferente (y objeto de preocupación recurrente por parte de educadores y políticos) es, desde luego, el nivel de lectoescritura realmente alcanzado, que puede ser realmente dispar: en muchos casos, un porcentaje importante de la población, si bien sabe leer y escribir, apenas hace uso de esta habilidad en sus interacciones habituales, o si lo hace, lo es de un modo ocasional. Y en la actualidad, tras la generalización del uso de los dispositivos móviles, da la sensación de que solo producimos textos de reducida extensión, notable simplicidad estructural y escasa calidad estilística.

Este rápido y muy superficial resumen de la historia (y la sociología) de la lectoescritura sugiere, de modo también bastante obvio, que la oralidad es la modalidad natural del lenguaje. Pero el lenguaje oral es muy diferente del escrito. Para empezar, leer y escribir consisten, en lo fundamental, en establecer y reconocer correspondencias arbitrarias entre determinados elementos estructurales de la lengua y determinados símbolos. Así, en las lenguas que, como la nuestra, usan alfabetos, tales correspondencias se producen entre los fonemas (esto es, sonidos que distinguen palabras en la lengua, como [p] y [m] en *capa* y *cama*) y lo que llamamos letras o, más técnicamente, grafemas (<p> y <m> en este caso). Hay lenguas que solo representan los fonemas consonánticos (como el hebreo) y otras que prefieren representar sílabas completas ([pa] o [ma]), como hace el hiragana, uno de los tres sistemas con el que se escribe el japonés. En cambio, otras lenguas han optado por representar palabras completas (o al menos, trozos con significado, esto es, lo que se denomina *morfemas*), como es el caso de los caracteres chinos, que solemos llamar ideogramas, pero que técnicamente constituyen logogramas (un ideograma representa un concepto y por tanto, tiene un carácter universal, al no depender de la lengua con la que se comunica: un ejemplo sería la señal de tráfico de prohibido el paso). No obstante, es evidente que el lenguaje no se agota en lo segmental. Muchos rasgos suprasegmentales, como la intensidad en la enunciación, la entonación dada al discurso, las pausas hechas al hablar o la velocidad de elocución tienen muchas veces valor gramatical . Así, por ejemplo, la posición de la sílaba que emitimos con más intensidad distingue palabras diferentes en español, como *cazo* y *cazó*, mientras que diferentes curvas melódicas caracterizan los distintos tipos oracionales: enunciativos, interrogativos o exclamativos. Más importante aún, tales rasgos desempeñan un papel crucial en la organización del discurso. Por poner el caso, sabemos que podemos intervenir en una conversación cuando se produce una bajada en el tono del último enunciado emitido por nuestro interlocutor; en cambio, nos mostraremos más reacios a interrumpirle si el tono sube. Finalmente, estos componentes no segmentales transmiten todo tipo de significativos connotativos, como ocurre típicamente con el paralenguaje, es decir, los efectos de voz de toda clase que no forman parte de la gramática de la lengua. Ejemplos de paralenguaje serían la voz velada, que en nuestra cultura sugiere intimidad, o de la voz susurrada, que transmite una sensación de complicidad. Los sistemas de escritura tienen grandes carencias a la hora de representar adecuadamente todos estos componentes del habla. Lo mismo cabe decir de las sutiles diferencias que existen a la hora de articular el lenguaje por parte de los distintos hablantes de una misma lengua, que obedecen a causas geográficas (dialectos), sociales (sociolectos), contextos (estilos de habla) o actividades (registros), hasta llegar a los rasgos que caracterizan el habla de cada individuo particular (idiolectos). Estas limitaciones se advierten fácilmente cuando se compara el alfabeto que usamos para escribir en español con el Alfabeto Fonético Internacional, pensado para recoger por escrito toda la diversidad fonética (y fonológica) de las lenguas del mundo. Pero también podemos percatarnos fácilmente de ellas si pensamos en los recursos que empleamos habitualmente para tratar de reflejar por escrito tales sutilezas articulatorias y enunciativas, como jugar con la tipografía (como cuando usamos las mayúsculas para representar la intensidad del discurso o las negritas para las partes enfatizadas) o recurrir a prolijas descripciones del modo de hablar de las personas (que siempre se antojan aproximadas).

Un problema adicional que se le plantea a la lectoescritura lo representa el carácter multimodal de la comunicación humana, que supone que parte de la información transmitida circula por canales diferentes al sonido, en general, de naturaleza visual. Los movimientos que hacemos con manos o brazos, la posición que adoptamos al hablar o los gestos faciales que realizamos complementan habitualmente lo que estamos diciendo. Añadamos a lo anterior la circunstancia de que las interacciones habladas prototípicas, además de tener lugar cara a cara, ocurren en un contexto compartido, de modo que no es necesario aludir explícitamente a buena parte de los contenidos finalmente transmitidos, porque son recuperables a partir de dicho contexto en el momento mismo de la interacción. Poner por escrito este tipo de información, necesaria para una adecuada comprensión de lo realmente comunicado por nuestro interlocutor, que va mucho más allá de lo verbalizado, es aún más complicado, y obliga, una vez más, a hacer prolijas descripciones de todos estos elementos contextuales. De algún modo, el carácter unimodal de la escritura supone, por tanto, una forma de empobrecimiento comunicativo. Ciertamente queda compensando por el hecho de que, como discutiremos a continuación, la variedad escrita de la lengua cuenta con recursos estructurales más elaborados que la oral, pensados para transmitir información con eficacia de una forma explícita. Ahora bien, el reciente desarrollo de dispositivos multimedia, como los teléfonos móviles, ha supuesto un cambio significativo en este estado de cosas. La posibilidad de acompañar los textos con imágenes (de los que los emoticonos serían la versión más simplificada) ha hecho posible la comunicación simultánea de información por dos canales visuales (texto e imagen). Pero como también es posible añadir información auditiva (si los mensajes incluyen sonido), la comunicación escrita está volviendo a recuperar, en cierto sentido, el carácter multimodal típico de las interacciones lingüísticas naturales.

Al margen de las diferencias generales entre la modalidad escrita y la oral discutidas anteriormente, la lectoescritura se aparta en otro sentido importante de la experiencia que la mayoría de las personas tienen del lenguaje. En general, nuestras interacciones habladas se producen con personas conocidas y están pensadas para satisfacer fines que tienen que ver fundamentalmente con la manipulación de los demás y la preservación de los vínculos que nos unen a ellos (lo que los lingüistas denominan funciones *conativa* y *fática*, respectivamente). En cambio, lo que leemos (especialmente si se trata del tipo de lenguaje que suele preocuparnos más dominar, como el legal, o de la clase de textos cuya lectura suele promoverse más activamente, especialmente en la escuela, como la literatura culta o las obras científicas) es algo que no se dirige a un destinatario concreto, sino a cualquiera, y que además tiene como función principal la de transmitir información (la función del lenguaje que se conoce *referencial*). Esta circunstancia explica que las características estructurales de la variedad escrita de la lengua (una vez más: al menos de aquella cuyo dominio conduce a lo que llamamos competencia lectora avanzada) difieran significativamente de las que presenta la variedad oral vernácula de la lengua, esto es, la que usamos en la mayoría de nuestras interacciones habladas. Típicamente, la primera cuenta con un vocabulario mucho más amplio y con una sintaxis más elaborada, que contrasta con la menor riqueza léxica de la segunda. A lo anterior se suma su estructuración más sencilla y laxa, que incluye oraciones más simples, omisiones frecuentes, interrupciones de todo tipo, alteraciones fónicas y deformaciones de las palabras, y en general, mayor creatividad.

La estructura más compleja de la variedad escrita de la lengua obedece, claro está, a varias razones. En primer lugar, lo que se suele escribir es la lengua estándar, que cuenta típicamente con un mayor desarrollo estructural (en términos de léxico y de recursos formales) que las variedades vernáculas. Una segunda razón es el hecho, antes mencionado, de que la escritura está pensada para transmitir información de un modo descontextualizado. Así, podemos (y solemos) escribir para desconocidos que pueden leer lo que escribamos sin estar físicamente presentes o pasado cierto tiempo desde que lo hicimos (como ocurre con este ensayo). El menor peso del contexto compartido obliga a ser más explícitos, lo que a su vez suele exigir el empleo de palabras menos ambiguas y una mayor elaboración lingüística de las ideas. Sumemos a lo anterior el hecho de que suelen escribirse los registros más especializados (por ejemplo, discusiones de biólogos acerca de cómo han evolucionado las especies o controversias entre astrofísicos sobre el modo en que nacen y mueren las estrellas), lo que vuelve más acusadas las exigencias de riqueza léxica y estructuración de las oraciones y del discurso. Basta comparar la transcripción de una conversación informal con algunos de los artículos de la Constitución para advertir fácilmente la magnitud de tales diferencias. Por ejemplo, las estructuras lingüísticas más complejas como las pasivas o las oraciones con dos o tres niveles de subordinación son frecuentes en este último caso, pero resultan excepcionales en el primero. Muchas formas de la flexión verbal que se han perdido en el plano oral (como el futuro de subjuntivo) se mantienen en los textos constitucionales. Y el número de palabras distintas que podemos encontrar en la Carta Magna supera con creces el de cualquier conversación informal.

Este contraste entre cuánto hay que comunicar explícitamente y cuánto puede inferirse a partir del contexto compartido es, de hecho, una de las causas principales de las diferencias tipológicas entre las propias lenguas. Así, las lenguas empleadas por comunidades humanas de reducido tamaño, que tienen poco contacto con hablantes de otras lenguas y que no suelen incluir muchos individuos que hayan aprendido la lengua como segunda lengua, presentan una morfología más compleja (y con más irregularidades), pero una sintaxis más simple (prefieren, por ejemplo, los enunciados yuxtapuestos a las oraciones subordinadas), así como una menor composicionalidad semántica (lo que quiere decir que son más frecuentes los modismos y las locuciones idiomáticas, que se caracterizan por una reducida transparencia en su significado). Estas lenguas se conocen a veces como *esotéricas*. Lo contrario se observa en las lenguas habladas por grandes grupos humanos que mantienen contactos frecuentes con otros grupos distintos y que funcionan en muchos como lenguas francas (esto es, como lenguas para la comunicación entre personas que hablan idiomas diferentes). Estas lenguas se denominan en ocasiones *exotéricas*. En realidad, todos hablamos habitualmente una variedad esotérica de nuestra lengua, pero lo que escribimos suele ser su variedad exotérica.

En general, tardamos bastante tiempo en aprender a leer y más tiempo aún nos alcanzar una competencia lectora significativa. Son varias las razones que explican este hecho. Una de las más obvias tiene que ver con la opacidad y la falta de sistematicidad de la mayoría de los sistemas de escritura. En el caso de los logográficos es preciso memorizar miles de símbolos diferentes (uno por cada palabra de la lengua), que no solo suelen ser arbitrarios (no hay nada en la forma del símbolo que sugiera qué significa), sino que habitualmente tiene además un carácter escasamente composicional (los símbolos suelen ser holísticos y no están hechos de partes compartidas con otros símbolos que representen palabras relacionadas semánticamente). Aunque estos sistemas tienen sus ventajas (por ejemplo, permiten escribir de la misma manera lenguas diferentes), su aprendizaje es más costoso y se prolonga más en el tiempo. De hecho, el proceso no termina nunca, puesto que cada vez que se aprende una nueva palabra en el plano oral, uno tiene que aprender también el símbolo que la representa en el plano escrito. No es sorprendente, por tanto, que la mayoría de las lenguas use sistemas fonográficos, en general alfabéticos. Pero incluso en estos casos, no suele haber una correspondencia unívoca entre fonema y grafema en todos los casos (basta pensar en la ortografía del francés o del inglés). Hasta en lenguas con una ortografía bastante transparente como el español, muchas distinciones ortográficas resultan arbitrarias para el lector actual, como la que existe entre <b> y <v>, que ya no es funcional (representan el mismo fonema). El esfuerzo cognitivo que implica aprender estas arbitrariedades solo se justifica por el prestigio que entraña dominar correctamente la variedad escrita de la lengua (no cometer faltas ortográficas es señal de que se ha estado escolarizado durante bastante tiempo y, por tanto, que se posee una buena formación).

Pero existen otras razones por las que aprender a leer (y, sobre todo, a leer eficazmente) es un proceso cognitivamente costoso. Antes señalamos que las características distintivas de la modalidad escrita vienen dadas, en lo fundamental, por su naturaleza unimodal, su habitual uso descontextualizado y por el hecho de que lo que se escribe generalmente es el estándar. Pues bien, estas diferencias no son neutras en términos cognitivos. Es bien conocido que diferentes tipos de morfología o de sintaxis pueden tener costes de procesamiento distintos e impactar de modo diferente en dispositivos generales de representación o computación cerebrales de la información, como la memoria. A largo plazo, tales diferencias pueden traducirse en diferencias a la hora de ejecutar tareas no lingüísticas. Así, por ejemplo, si consideramos el sistema de casos que emplean muchas lenguas para marcar quién es el sujeto de la oración y quién es el objeto, se ha observado que el alineamiento ergativo-absolutivo es menos costoso de procesar que el nominativo-acusativo. La razón parece ser la mayor transparencia semántica del primero, dado que el objeto de una oración transitiva y el sujeto de una oración intransitiva (marcados ambos en caso absolutivo en este tipo de lenguas) no suelen ser agentes, a diferencia del sujeto de las oraciones transitivas (marcado en caso ergativo), que sí suele serlo. En cambio, las lenguas que siguen el alineamiento nominativo-acusativo marcan igual los sujetos de ambos tipos de oraciones (van en caso nominativo), a pesar de que suelen ser semánticamente diferentes. En cuanto al segundo de los efectos, a saber, el impacto de determinadas características estructurales de las lenguas sobre dispositivos cognitivos generales, se ha observado, por ejemplo, que el orden de constituyentes de una lengua condiciona, de un modo ciertamente sutil, la capacidad de recordar de sus hablantes. Así, los hablantes de lenguas de tipo S(ujeto)O(bjeto)V(erbo), en las que el objeto va antepuesto habitualmente al verbo, recuerdan mejor los elementos iniciales de una lista cualquiera (como los números de teléfonos de conocidos o la relación de cosas que es preciso comprar en el supermercado). La razón parece ser que los objetos suelen ser focos (o partes informativamente prominentes) de las oraciones, de ahí que nuestra atención se centre en los momentos en que suelen aparecer habitualmente al hablar (al principio de la oración, si la lengua es SOV, pero al final, si es SVO).

Teniendo en cuenta lo anterior, y si pensamos ahora en las diferencias estructurales que existen entre las modalidades oral y escrita de la lengua, cabe esperar que impongan demandas de procesamiento diferentes a nuestro cerebro, por ejemplo, a los distintos tipos de memoria implicados en el procesamiento del lenguaje. Es el caso, en particular, de la memoria procedimental (que almacena, en general, todo aquello que depende de reglas en el lenguaje y a la que no tenemos acceso consciente) y la declarativa (que almacena todo lo idiosincrásico del lenguaje, como el vocabulario o los fenómenos irregulares, y a la que sí tenemos acceso consciente). Así, una expectativa bastante razonable a este respecto es que el aprendizaje de la variedad formal de la lengua (y, por tanto, el fomento de la lectoescritura) potencie la memoria procedimental (como también lo haría, por cierto, hablar lenguas exotéricas). De igual modo, planificar y usar estructuras sintácticas más elaboradas, como hacemos al escribir (y al leer lo escrito), debería potenciar la memoria de trabajo verbal, puesto que es preciso tener activos más componentes y organizarlos de modos más complejos (que es justo lo que hace este tipo de memoria). En cambio, la comunicación esotérica (y por consiguiente, la variedad informal de la lengua, que es la que solemos emplear al hablar) debería potenciar la memoria declarativa, dado el papel que tiene este tipo de memoria en el almacenamiento de todos los elementos irregulares o idiosincrásicos de la lengua.

En principio, el uso de las diferentes variedades de la lengua (incluyendo la escrita) solo debería dar lugar a cambios cerebrales transitorios. Es decir, si pensamos de nuevo en los distintos tipos de memoria, lo que cabría esperar es que nuestro cerebro los utilice en mayor o menor medida según la naturaleza de las estructuras lingüísticas (y, por tanto, de la variedad) que ha de procesar. No obstante, cuando estos efectos suceden de forma reiterada, estas respuestas pueden, en cierto sentido, fijarse, lo que las vuelve más rápidas y menos costosas en términos de procesamiento. Y esto es lo que llamamos aprendizaje, que a nivel neurobiológico no es más que la consolidación de las conexiones neuronales que permiten realizar con éxito una determinada tarea (en muchos casos esta consolidación implica que dichas conexiones se fijan realmente desde el punto de vista estructurales, por ejemplo, mielinizando los axones de las neuronas implicadas). En último término, alcanzar una competencia experta en una determinada habilidad (como la lectoescritura) implica su automatización efectiva y a menudo, su transferencia del sistema declarativo al procedimental. Ahora bien, lo primero que aprendemos durante nuestro desarrollo es, lógicamente, la lengua materna y en particular, la variedad vernácula. Solo más tarde, normalmente al escolarizarnos, aprendemos la variedad estándar, especialmente, en su forma escrita. Al mismo tiempo, que nuestra capacidad de aprendizaje disminuye con el tiempo, porque la plasticidad cerebral lo hace también (precisamente, para consolidar lo aprendido). En general, aprender tarde (y esto vale también para la lectoescritura) vuelve el aprendizaje más difícil y la competencia adquirida, menor (o lleva más tiempo alcanzar la competencia que se consigue cuando el proceso de aprendizaje se inicia pronto).

Un problema adicional a este respecto lo representan las diferencias que existen entre las distintas variedades de la lengua. La lengua estándar (y, en general, el estilo formal) se corresponde, en buena medida, con el acrolecto (esto es, el sociolecto hablado por quienes ocupan la parte superior de la jerarquía social) de una determinada zona geográfica (normalmente, la región donde se localizan los centros de poder, como puede ser la capital de un estado). En consecuencia, para los individuos expuestos desde su nacimiento a los acrolectos de la región en la que ha surgido el estándar las diferencias entre su variedad vernácula y la lengua escrita suelen ser pequeñas (dejando al margen, claro está, las que separan la modalidad oral de la escrita, que no son menores, como señalamos anteriormente). En cambio, dichas diferencias pueden ser muy acusadas para los que han estado expuestos a los basilectos (esto es, los sociolectos hablados por quienes están en la base de la pirámide social) de otras áreas geográficas diferentes. Salvando las necesarias distancias, cabría decir que para los hablantes que solo cuentan en su repertorio lingüístico con variedades dialectales y/o basilectales, aprender a escribir y a leer en su lengua puede llegar a ser casi como aprender a leer y a escribir en un idioma foráneo. Como es esperable, esto incrementa notablemente la complejidad del proceso y dificulta la consecución de una buena competencia lectora.

Establecer un paralelismo entre la adquisición de la lectoescritura y el aprendizaje de una segunda lengua no es tan descabellado como pudiera parecer a primera vista. De hecho, la lectoescritura casi nunca se domina en ausencia de instrucción formal, como también ocurre a partir de cierta edad con una segunda lengua. En esto se diferencian marcadamente de la adquisición de la lengua materna, que se produce de modo espontáneo, por mera exposición al entorno, en todos los individuos, salvo si presentan algún tipo de trastorno cognitivo (como consecuencia, por ejemplo, de un daño cerebral sobrevenido o de la mutación de algún gen que desempeñe un papel relevante en el desarrollo y el funcionamiento de las áreas del cerebro implicadas en el procesamiento del lenguaje). Obviamente, adquirir la lengua materna es un proceso laborioso, que lleva tiempo y esfuerzo, aunque no seamos conscientes de ello. Exige, para empezar, una interacción permanente con el entorno. Si la estimulación es insuficiente, como ha ocurrido con algunos niños «salvajes» (es decir, criados en ausencia de contacto humano) el proceso no llega a término. Pero además, demanda el uso de multitud de capacidades perceptivas y cognitivas, como la atención, la memoria o la teoría de la mente (esto es, ser capaz de reconocerse como individuo y de ponerse en el lugar del otro). Es cierto que la mayor parte de estas capacidades son usadas también para adquirir otras destrezas, pero ello no reduce la complejidad del proceso. Así, por ejemplo, desde muy pronto los bebés buscan patrones en las secuencias de sonidos que escuchan a su alrededor, lo que les permite ir decodificando el habla. Lo anterior incluye, entre otras cosas, encontrar palabras, identificar los contrastes de sonidos que diferencian significados en la lengua o distinguir las órdenes de las preguntas. Pero esta capacidad de aprendizaje estadístico también les permite predecir muchas otras cosas, como la hora del baño o de la comida.

Si nos movemos ahora al plano neurobiólogico (esto es, a cómo está hecho y funciona nuestro cerebro), la mayoría de los investigadores está de acuerdo hoy en día en que el lenguaje depende de dispositivos de representación y computación que también tienen un carácter generalista, esto es, que hacen tareas básicas que intervienen en otras capacidades cognitivas además del lenguaje. No obstante, los investigadores también coinciden en que existe un circuito distintivo de interconexión entre tales dispositivos que sería el que daría cuenta específicamente del lenguaje. Dicho de otro modo, lo idiosincrásico del lenguaje no son los componentes que lo forman, sino cómo están conectados entre sí. Finalmente, hoy pensamos que dicho circuito es además propio de nuestra especie, con independencia también de que la historia evolutiva de tales componentes sea dilatada. De hecho, se han identificado algunas mutaciones específicamente humanas en genes que intervienen en el diseño y el funcionamiento de este circuito, las cuales parecen haber optimizado ciertos aspectos de la función cerebral (por ejemplo, han incrementado el control cortical de varias estructuras subcorticales), lo que explicaría a su vez el nivel de sofisticación del lenguaje humano en comparación con los dispositivos de comunicación y de pensamiento de otras especies.

Las evidencias anteriores han llevado a algunos lingüistas (como Chomsky, Pinker o Lightfoot) a afirmar que nuestra especie cuenta con un «órgano del lenguaje». Lo relevante para la cuestión que nos ocupa es que no parece existir, en cambio, un «órgano de la lectura». Para leer parasitamos dispositivos cuyo papel es otro y que evolucionaron para satisfacer fines distintos. En concreto, usamos de forma coordinada tres áreas cerebrales cuya función principal no está directamente relacionada con la lectura. Una de ellas se conoce como VWFA (del inglés *visual word form area*, o área visual de la forma de las palabras). Sin embargo, lo que hace esta área es reconocer patrones visuales en general. Eso explica que no solo funcione de forma anómala en personas con problemas de lectura, como los disléxicos, sino también en los aquejados de prosopagnosia (un trastorno que hace que no consigamos poner nombre a la cara de un conocido). Para leer empleamos también el bucle fonológico, que forma parte, en realidad, de nuestra capacidad para hablar y entender lo que nos dicen, ya que se encarga de procesar los rasgos fonéticos con valor fonológico (esto es, los que permiten distinguir palabras de la lengua). Neuroanatómicamente, este dispositivo se corresponde con el área de Broca y regiones próximas, y es, en realidad, uno de los elementos que integran la denominada memoria de trabajo verbal (el área de Broca también se ocupa de determinadas tareas de naturaleza sintáctica). La lectura recluta un tercer componente cerebral, que, en la descripción neurobiológica que hacemos de la lectura, también sería parte del sistema fonológico y que está localizado en el lóbulo temporal. Este dispositivo se encarga de establecer las asociaciones entre fonemas y grafemas. Recordemos que leer es, en lo fundamental, reconocer visualmente ciertos signos gráficos y asociarlos a los fonemas que representan, de modo que podamos acceder al diccionario mental donde se almacenan las palabras y en último término, al significado de estas, así como de las oraciones que forman (aunque en este último caso también es necesario tener presente qué tipo de estructuras forman, porque *Juan besa a María y María besa a Juan* no significan lo mismo, a pesar de estar formadas por las mismas palabras). Como también señalamos anteriormente, la fluidez a la hora de ejecutar todo este complejo proceso se consigue únicamente mediante un entrenamiento prolongado: solo cuando se supera un determinado nivel de automatismo, hablamos de una competencia lectora elevada.

Resumiendo toda la discusión anterior, cabría afirmar que, si bien hemos evolucionado para tener lenguaje, no hemos evolucionado para poder leer. Todo lo más, cabría considerar la lectoescritura un artilugio cognitivo (*cognitive gadget* en inglés) que únicamente se configura y funciona adecudamente mediante una instrucción formal prolongada y que solo se optimiza a través de la práctica continuada. La lectoescritura se asemeja, por tanto, a muchas otras habilidades que aprendemos culturalmente, como jugar al ajedrez o preparar tartas. Potencialmente, existen mecanismos biológicos que permitirían transmitir a la descendencia estas capacidades adquiridas, en particular, la epigénesis. Pero no hay realmente estudios que hayan demostrado que los buenos lectores tengan hijos que sean buenos lectores también. Así que, por el momento, solo podemos enfrentarnos a un producto reciente de nuestra evolución cultural como es leer y escribir con los recursos cognitivos y cerebrales resultantes de nuestra evolución biológica. En particular, hemos de obligar a nuestro cerebro lingüístico, evolucionado para la comunicación multimodal en un contexto compartido, a aprender y hacer uso de un modo de comunicación unimodal sustancialmente descontextualizado. O por decirlo de un modo aforístico: leemos sobre una cultura avanzada usando un cerebro paleolítico.

En último término, las circunstancias discutidas hasta este momento explican gran parte de las dificultades que experimentamos a la hora de alcanzar una buena competencia lectora. Claro que en esto la lectoescritura no se diferencia de otras innovaciones culturales que nuestra biología solo ha logrado acomodar con grandes dificultades o que no ha logrado hacerlo de momento. Un ejemplo bien conocido es el consumo de leche cuando somos adultos. La disponibilidad de leche durante toda nuestra vida es resultado de la domesticación de diferentes especies de animales (un proceso cultural), pero como primates somos incapaces de asimilar la lactosa de la leche cuando superamos la etapa infantil (una limitación biológica). Ello nos ha obligado a ingerir leche procesada por otros organismos, como sucede con el yogur o el queso, a la espera de que, como ha ocurrido solo muy recientemente, surjan (y se generalicen) mutaciones que nos vuelvan tolerantes a la lactosa (una adaptación biológica). Esta coevolución gen-cultura podría suceder también en el caso de la lectura si transcurre el tiempo suficiente.

Finalmente, toda esta discusión de carácter eminentemente evolutivo acerca de la naturaleza de la lectoescritura debería ayudar a arrojar una luz nueva sobre condiciones como la dislexia. La dislexia es prevalente porque leer es complejo y porque no estamos adaptados biológicamente a la lectura. Al mismo tiempo, ser disléxico no debería considerarse un trastorno, porque es una condición problemática solo en las sociedades para las que la lectoescritura es importante, que han sido las menos. Durante la mayor parte de nuestra historia, las posibles diferencias que presenta el cerebro de los disléxicos con respecto al neurotípico han debido de pasar fundamentalmente desapercibidas, del mismo modo que, por seguir con el paralelismo anterior, la intolerancia a la lactosa no tuvo gran relevancia hasta que inventamos culturalmente la ganadería: solo cuando fue posible nutrirse con leche en la etapa adulta dicha intolerancia se convirtió en una desventaja y con el desarrollo de la medicina moderna, en un trastorno.

Para terminar, volvamos una vez más a esa observación habitual (y esa queja recurrente por parte de los educadores y en general, de las personas preocupadas por la competencia lectora de la población) de que la comunicación escrita se ha empobrecido con el tiempo, especialmente, tras la aparición de los dispositivos multimedia. Ciertamente, si analizamos las interacciones que tienen lugar en una aplicación de mensajería, nos encontraremos con una escritura mucho más simple que la que caracteriza a la literatura culta: se usan menos palabras y las estructuras sintácticas son más sencillas. Ahora bien, hasta cierto punto, esta circunstancia refleja el carácter informal de la mayoría de estas interacciones (como señalamos anteriormente, tales rasgos son típicos de las variedades vernáculas de las lenguas y de la comunicación esotérica en general). Posiblemente, la cantidad de información que se comunica sea la misma (o incluso mayor) que la contenida en un texto escrito al modo tradicional, claro que ahora solo una parte se transmite mediante la escritura. Paradójicamente, el carácter multimodal de este nuevo tipo de interacciones escritas las vuelve más semejantes a la comunicación oral, por lo que cabría esperar que fuesen menos costosas para nuestro cerebro en términos de procesamiento. En último término, esta circunstancia podría reforzar esta tendencia a la simplificación estructural del discurso escrito, al menos en estos casos. Dicho de otro modo, las interacciones escritas que se producen a través de los dispositivos multimedia juegan con ventaja cognitiva y evolutiva sobre la escritura tradicional.

No obstante, diversos estudios apuntan a la posibilidad de que sea la modalidad escrita en general (y no solo el tipo de escritura usada en las interacciones informales) la que se haya ido simplificando con el tiempo. Así, cuando se comparan textos redactados hace un siglo con los actuales, se observa que estos últimos presentan una sintaxis menos elaborada. Y en una lengua como el inglés, se advierte además que muchas estructuras sintácticas complejas han sido sustituidas por términos compuestos (por ejemplo, hoy se lee frecuentemente «disabled-accessible», cuando hace unos años se habría escrito «which is/are accesible to the disabled people» o incluso «which is/are accesible to people with some kind of disability»). Sin duda, esta simplificación estructural podría explicarse, al menos en parte, por la universalización de la lectoescritura, que ha hecho aumentar el porcentaje de personas con una competencia reducida para leer y escribir (y en general, con una exposición limitada al estándar), y, por consiguiente, la cantidad de estructuras más simples en las colecciones de textos escritos (o *corpora*). Dicho de otro modo, la simplificación de los textos escritos se debería no solo a que tales individuos generan *per se* textos más sencillos, sino a que se opta, en general, por escribir de modo más simple con objeto de asegurar que la información sea comprendida por el mayor número de personas (un ejemplo de esto último serían las campañas que promueven la simplificación del lenguaje jurídico). Sin embargo, el fenómeno se observa de un modo no menos acusado en la literatura especializada, como, por ejemplo, en los artículos científicos. En este caso, la menor complejidad de la escritura obedecería a otras razones, en lo fundamental, al hecho de que se trata de un discurso dirigido a una comunidad cerrada, integrada por sujetos que conocen bien el tema del que escriben y sobre el que leen, lo que vuelve innecesaria una exposición prolija (esto es, estructuralmente compleja) de lo tratado. En definitiva, la razón sería el carácter esotérico de la comunidad de habla que forman quienes están escribiendo y leyendo. En consecuencia, y de un modo también paradójico, parece ocurrir que cierto tipo de interacciones culturalmente muy sofisticadas pueden demandar estructuras lingüísticas (y formas de escribir) más simples. Si extrapolamos estas conclusiones a la totalidad de la comunidad de habla, podría suceder, al menos potencialmente, que cuanto mayor sea la diversidad social (algo típico de nuestras sociedades modernas), mayor sea la tendencia a que dicha comunidad se fragmente en una pléyade de subcomunidades de menor tamaño de carácter esotérico, y por consiguiente, se acentúe la tendencia a la simplificación estructural generalizada del discurso escrito y a la multiplicación de los rasgos idiosincrásicos (como ocurre en las jergas). No conviene olvidar que, como señalamos al principio, el estándar literario no es solo una herramienta para la creación y transmisión de ideas complejas, sino también un elemento cohesionador de la comunidad de habla, puesto que, además de proporcionar un modo compartido de intercambiar tales ideas, también confiere un sentimiento de identidad común. Así pues a mayor fragmentación de la sociedad, menor importancia de este elemento cohesionador que es la escritura culta. Y viceversa: cuanto menos cohesionador sea este elemento (por haber perdido las características que le permitían satisfacer esta función), más se favorecerá la disgregación social.

En conclusión, la lectoescritura posee evidentes ventajas, no solo sociales, sino también cognitivas. Sin embargo, al ser un producto cultural, presenta también importantes limitaciones. Una de ellas es la ausencia de un sustrato biológico evolucionado específicamente para favorecer su adquisición y su uso. Otra es su especial susceptibilidad a los cambios sociales. En la actualidad, la generalización de la lectoescritura a toda la población (que ha incrementado el número de lectores no expertos), la creciente complejidad de nuestras sociedades (que favorece su disgregación en comunidades de habla menos conectadas entre sí) y el desarrollo de dispositivos eficientes de comunicación multimodal (para la que nuestro cerebro está especialmente adaptado) suponen retos importantes al mantenimiento del discurso escrito complejo típico de épocas pasadas.

Parte II. Quiénes somos

Desincronizados

En un momento de la historia en el que la humanidad vive mejor que nunca, decimos sentirnos más infelices que cualquiera de las generaciones que nos precedieron: todo el mundo se queja de todo y de todos, menos del proceder propio, claro está. Sea como fuere, es este un malestar que a buen seguro nos abandonaría de golpe si nos transportasen a cualquiera de las épocas anteriores; por ejemplo, si tuviésemos que experimentar por unos días las penurias sufridas durante toda su vida por un esclavo griego o un siervo de la gleba: trabajo físico de sol a sol, hambre a todas horas, falta de intimidad y de higiene… para acabar muriendo en la veintena por los golpes del amo o, más probablemente, por cualquiera de las enfermedades que hoy se curan con una simple píldora. Y así, embriagados por la autocompasión, apenas reconocemos que hemos progresado hasta tal punto de que podemos dar la vuelta a la Tierra en poco más de un día, cuando la primera circunnavegación del globo les llevó a Magallanes y a Elcano más de tres años de constantes penalidades. Claro que hoy usamos nuestros maravillosos aviones para hacer al otro lado del mundo lo que llevamos haciendo toda la vida en casa: comer y beber, dormir, comprar cosas superfluas que dejaremos de usar al poco de volver… Otro ejemplo: ¿quién es consciente de que ese móvil que eligió por los colores de la carcasa o el logo del reverso puede calcular lo que todos los matemáticos del planeta (y de la historia) juntos, y almacenar en sus entrañas un cuarto de millón de libros, el doble de los atesorados por la Universidad de Salamanca en toda su larga existencia? En cambio, lo empleamos para lo mismo que nos ha entretenido desde nuestros albores: chismorrear, disfrutar con historias, comprar más cosas… En suma, que una tecnología digna de dioses sigue en manos de los primates de siempre.

La mayoría de los problemas que nos aquejan (reales o imaginados) se deben a que andamos del todo desincronizados. Nuestro cuerpo cambia muy lentamente. Evolucionó durante miles de años para adaptarse a los gélidos yermos de un mundo donde la comida era un lujo y la compañía, una rareza, y en donde la supervivencia dependía de atesorar cada gramo de grasa y de cooperar con cualquiera que nos saliese al encuentro. Apenas diez mil años después, vivimos en megalópolis, hay alimento por todas partes (y a todas horas) y nos rodean millones de extraños. ¿El resultado? Obesidad y soledad: nuestra biología paleolítica nos hace comer compulsivamente y nuestras emociones pleistocénicas nos impiden mantener verdaderos lazos emocionales con más de un centenar de individuos. ¿Nuestras sociedades? No han cambiado mucho más rápidamente. Nuestras principales instituciones surgieron tras milenios de una vida familiar más o menos compleja, en forma de clanes y tribus, cuando renunciamos a una existencia errabunda para vigilar cosechas y rebaños. Surgieron entonces ciudades, estados, religiones…y ahí siguen. Aunque, por usar la manida etiqueta de Bauman, queremos pensar que el mundo se ha vuelto fluido y que corremos constantemente de un lugar a otro, de un trabajo a otro, de una relación a otra, en el fondo la gente se sigue casando, formando familias, celebrando fiestas y agitando banderas. No somos tan modernos como pensamos. Es, en cambio, nuestra tecnología la que ha cambiado tanto y tan rápido, que casi nadie entiende nada de las máquinas que nos acompañan. ¿Cuántos conocen cómo funciona el microondas? ¿Y cuántos sabrían repararlo? Sí, claro, alguien en alguna parte lo sabe, pero como individuos poseemos una ínfima parte del conocimiento humano.

¿Y si los valores que hemos creído desde siempre merecedores de ser puestos en práctica y transmitidos a nuestros hijos se han quedado también obsoletos? ¿Esfuerzo, morigeración, altruismo? Valen para un mundo donde los recursos son escasos, no para esta nueva realidad de sobreabundancia. ¿Compromiso, civismo, patriotismo? Sirven para una sociedad que ha de enfrentarse unida a la adversidad que llega de improviso en un universo inescrutable, pero no para este mundo globalizado donde es posible anticipar hasta la cantidad de lluvia que caerá dentro de una semana. ¡Claro que iremos al desastre si seguimos explotando el planeta como lo hacemos! Pero basta refrenar un poco nuestros apetitos, para que la ciencia y la tecnología solucionen (o ni siquiera eso) cualquier contingencia que se nos presente. El mundo irá, a buen seguro, a mejor. ¿Entonces? ¿Por qué no dejar que la gente sea egoísta, narcisista, y hasta ignorante? ¿Que el único sacrificio que haga sea levantar pesas en un gimnasio para luego hacerse fotos frente al espejo? ¿Merece la pena seguir educando a los niños en el amor al saber, ahora que las máquinas lo saben todo? Cuando nadie pase hambre y todos muramos centenarios, ¿qué más dará si vivimos vidas autocomplacientes en lugar de vidas desinteresadas?

Dos caminos opuestos se abren ante nosotros: progresar incesantemente, transformar radicalmente la sociedad, destruir todo lo heredado; o detener los cambios, vivir como nuestros ancestros, preservar cuanto sea posible del mundo del ayer. ¿Progresista o conservador? Nos lo presentan como una disyuntiva política, ética y hasta filosófica, pero ha acabado siendo una disyuntiva entre una vida asíncrona y una existencia síncrona, entre dejarse despedazar por las tensiones resultantes de los desajustes entre nuestro cuerpo, nuestra cultura y nuestra tecnología, o tratar de acompasar la frenética actividad de las máquinas a nuestro modo natural de vivir y, sobre todo, a como estamos hechos.

Etiquetados

Hace tiempo que renunciamos a ser individuos únicos e irrepetibles y aceptamos convertirnos en meros ejemplares de las categorías más diversas. Al principio nos dejamos clasificar de un modo algo burdo pobres o ricos, plebeyos o nobles, nativos o foráneos. Pero pronto tales categorías se volvieron más numerosas y precisas. Para empezar, nos agruparon según criterios culturales o políticos (romanos o griegos, católicos o protestantes). Más tarde, a medida que las sociedades se volvieron más complejas, nos ordenaron en función de nuestras ocupaciones (torneros o fresadores, zapateros o sastres) o de la formación recibida (bachilleres o universitarios, filólogos o sociólogos). Y cuando la actual sociedad del bienestar dictaminó que lo verdaderamente importante es aquello a lo que uno se dedica en sus ratos de ocio, pasamos a ser catalogados según nuestras aficiones (belenistas o amantes del comic, cultivadores de rosas o criadores de peces). Ciertamente, clasificar la casi infinita diversidad de los asuntos humanos ayuda a comprenderlos (y de paso, a conocernos mejor: ¡el imperativo socrático!). El problema es que hemos acabado interiorizando tales categorías hasta el punto de volverlas parte fundamental de nuestra identidad. ¿O nadie recuerda ya la famosa *conciencia de clase*? Sí, de cuando ser obrero no era solo una manera de ganarse la vida, sino una forma de ser, de pensar y hasta de sentir... El cambio de milenio ha dado otra vuelta de tuerca a todo lo anterior: lo que somos no depende ya de cómo nos ven los demás, lo que hacemos o lo que nos interesa, sino de nuestra anatomía y nuestra fisiología. El cuerpo se ha convertido, así, en el principal criterio para definir la identidad propia... y la ajena: eres lo que dicta tu conformación física (gordo o atlético), el color de tu piel (blanco o negro), tus gustos sexuales (heterosexual u homosexual) o tu condición mental (ansioso o ciclotímico). En definitiva, el liberador camino hacia la autonomía individual que se inició con la vindicación que los ilustrados hicieron de la razón ha desembocado en la más ciega de las servidumbres: la que nos ata a nuestra biología.

Hay algo comprensible en este retroceso: ser individuo es más exigente y sacrificado que ser masa; pero incluso el anonimato de la multitud demanda más esfuerzo y responsabilidad que ser un mero amasijo de células. En estas últimas décadas hemos transitado a toda velocidad por las etapas de este proceso involutivo: el sujeto cartesiano (pienso, luego existo) se convirtió, al dictado de las grandes ideologías políticas, en adepto de una religión laica (creo, luego existo); con el renacer de los nacionalismos (¡sí, en pleno siglo XXI!), en miembro de una tribu (convivo, luego existo); y con las actuales políticas identitarias ha acabado reducido a alguien cuya esencia queda definida por lo que hace en la cama o la cantidad de melanina que colorea su piel (soy, luego existo). Puede que sea el bochorno que nos causa esta claudicación de nuestros más nobles ideales (ser gobernados por la razón y no por las hormonas) lo que explica que hayamos disfrazado además este burdo fisicalismo de un voluntarismo no menos burdo: porque, para colmo, se ha generalizado la peregrina idea de que uno puede decidir ser mujer, negro o gordo a voluntad.

Hay en todo lo anterior dos problemas importantes. El más obvio: la terca realidad de las cosas. El sexo, por ejemplo, viene inscrito en los cromosomas, por lo que uno no puede elegirlo (salvo en la fase embrionaria). Uno puede, a lo sumo, alterar determinadas características que dependen del sexo (por ejemplo, tomando testosterona). Y, claro está, puede apropiarse de los rasgos que cada cultura asocia al sexo (la forma de vestir, de hablar o de comportarse). Pero siempre habrá algo biológico irreductible en eso que ahora se llama *género*. Al mismo tiempo, lo cultural afecta, ciertamente, a nuestra biología (un ejemplo: el control del fuego y la subsiguiente cocción de los alimentos se tradujeron en una reducción de nuestro tracto intestinal, porque ahora era más fácil asimilar los alimentos). En consecuencia, ni todo lo biológico es cultural (como defiende la llamada *izquierda woke*), ni todo lo cultural es biológico (como argumentaban las teorías raciales decimonónicas). El segundo problema: cual platónicos de nuevo cuño, parecemos creer que todas estas categorías a las que hemos otorgado la potestad de definirnos (homosexual, asiático, autista) forman parte de la realidad, cuando son, de hecho, herramientas mentales a las que recurrimos para entender la diversidad del mundo. Un ejemplo (menos polémico): no llamamos *silla* a las sillas porque exista ahí fuera una silla ideal de la que las sillas reales son versiones imperfectas; simplemente, llamamos *silla* a un grupo de cosas que se asemejan entre sí. De ahí también que toda realidad pueda categorizarse de diferentes modos, como prueba que las lenguas difieran, por poner el caso, en el número de términos que poseen para denotar los colores (algunas llaman igual al azul y al verde, mientras que otras pueden usar palabras diferentes para el rojo oscuro y el rojo claro, como ocurre en húngaro), a pesar de que todos los seres humanos ven los mismos colores. Volviendo a la cuestión identitaria: uno no es realmente autista; simplemente, presenta ciertas conductas que hemos dado en llamar autistas. Pero como cualquier otra etiqueta, autista es y será objeto de discusión y revisión permanentes, de ahí que hoy sean autistas quienes no lo hubiesen sido hace unas décadas, por ser más estrictos los criterios definitorios de tal condición. En suma, que frente a lo que defienden las actuales políticas identitarias (un trampantojo de la creciente uniformización que sufrimos y que acabará alienándonos por completo), el verdadero progreso consiste hoy en escapar a cualquier etiqueta.

Sesgados

De pronto, todo es culpa de las *fake news* (o sea, de los bulos de toda la vida), desde la deficiente respuesta a la gota fría hasta el hecho de que no votemos al partido en el gobierno en la medida en que creen merecerlo. Y no es ya que estemos desinformados y que ignoremos, por tanto, que hay una alerta activa o la impagable gestión de quien está al mando; sucede que estamos directamente manipulados, lo que nos lleva a creer que tales alertas solo buscan coartar nuestra libertad, que el cambio climático es una patraña o que un nuevo Eje del Mal se confabula en las sombras para derrocar a todos los gobiernos sociales y de progreso. La respuesta a esta supuesta epidemia de desinformación no puede ser más preocupante (y más simplista): será el Gobierno el que decida qué información es fiable y cuál debe censurarse por incorrecta, malintencionada o manipuladora. Evaluar lo anterior plantea no pocas dificultades, pero tal intento evidencia también las grandes contradicciones que aquejan a nuestras sociedades, incluyendo nuestros sistemas de gobernanza. Por un lado, si ahora resulta que hay una información veraz y bienintencionada, y otra falsa y que persigue objetivos reprobables (y estoy convencido de que es así), ¿cómo se puede defender al mismo tiempo, como hacemos en la actualidad, que no hay verdades absolutas, que toda opinión es respetable, que los sentimientos están por encima de los hechos a la hora de legitimar acciones o propuestas de acción, que las personas son libres de comportarse como quieran o que tenemos derecho a casi todo, pero deberes con casi nada? ¿De verdad se puede luchar contra los bulos y defender al mismo tiempo este relativismo rampante? Por otro lado, que sea el Gobierno quien determine qué es verdad y qué no lo es, supone, incluso en el improbable caso de que actúe con rectitud y no persiga también intereses espurios (como controlar el acceso a la información o manipular él mismo en su propio beneficio), que los gobernados necesitamos ser tutelados, por ser incapaces de discernir por nosotros mismos entre mentira y verdad. ¿Es realmente una democracia madura aquella en la que el Gobierno dicta lo que hay que pensar y creer, o lo es, más bien, aquella otra que dota a sus ciudadanos de las herramientas y la formación necesarias para buscar por sí mismos el bien y la verdad? En último término (y este es el verdadero objeto de mi interés en el presente ensayo), tales medidas pecan de idealismo y, sobre todo, ignoran que no nos encontramos solo ante un problema ético (porque, sin duda, todos deberíamos proporcionar información veraz y evitar difundir lo que es inexacto), sino ante una manifestación de aspectos complejos de la naturaleza humana. Bulos han existido siempre. Los norteamericanos se quedaron con Cuba propagando la falsedad de que los españoles habíamos hundido el *Maine*. Los laboristas perdieron las elecciones en Inglaterra en los años veinte cuando se publicó una carta falsa de Zinóviev, presidente de la Internacional Comunista, apoyando una supuesta insurrección de los trabajadores ingleses. Hoy los bulos y la desinformación parecen más sofisticados y abundantes que nunca, pero ni ha cambiado su naturaleza, ni el modo en que funcionan. Que sean menos burdos se debe a que los medios técnicos para crearlos han mejorado. Que sean más numerosos se explica porque hay más gente difundiendo información en general, en lugar de limitarse a recibirla, como ocurría antes. Y seguirá habiendo bulos y desinformación en el futuro, por muchos medios de control que traten de imponer los gobiernos. Y es que mentir y manipular es parte sustancial de lo que nos hace humanos. Es más, ha hecho posible que hoy sigamos en el planeta.

Tras siglos en los que la indagación acerca de la naturaleza humana ha estado en manos de filósofos, religiosos o poetas, en las últimas décadas disciplinas como la psicología, la neurociencia, la etología, la antropología o la biología han contribuido de un modo decisivo a comprender mejor las raíces de nuestro comportamiento. Empezamos a entender bastante bien cómo está hecho nuestro cuerpo y cómo responde al entorno con objeto de sobrevivir en el ambiente francamente hostil que es el medio natural. Las soluciones que hacen posible dicha supervivencia se han ido optimizando a lo largo de cientos de miles de años y conllevan todo tipo de adaptaciones físicas, pero, sobre todo, conductuales. En tanto que seres pensantes y conscientes, tenemos la creencia de que este éxito evolutivo se debe a que estamos dotados de la capacidad de razonar, que no es más que llegar mentalmente a soluciones óptimas para los problemas a los que debemos enfrentarnos. Pero una importante conclusión de todos los estudios actuales sobre el comportamiento humano es que con gran frecuencia no sigue pautas racionales o, de modo más general, que está sometido a toda clase de sesgos que lo alejan sustancialmente de la objetividad. Siendo algo más benévolos, podríamos decir que el modo en que nos comportamos es el producto de un complejo arsenal de respuestas rápidas que casi nunca entrañan una reflexión meditada sobre la naturaleza de los problemas ante los que se activan. Por ejemplo, el ser humano tiene tendencia a buscar patrones en conjuntos de datos que pueden mantener entre sí una relación aleatoria. Es lo que nos lleva a ver formas en las nubes o caras en el frontal de los coches. En general, estos patrones son falsos (en el cielo no flotan animalitos, ni los coches tienen ojos), pero a veces predicen sucesos inesperados y aumentan nuestras posibilidades de supervivencia. Así, de cada cien veces que huimos cuando creemos haber visto un animal entre los contornos difusos de unos arbustos, solo en un caso habrá realmente un predador escondido tras la maleza, pero este comportamiento nos habrá salvado la vida, por lo que lo transmitiremos a nuestra descendencia. Claro que este sesgo puede explicar también nuestra predilección por las teorías conspirativas de todo tipo. Por poner otro ejemplo, las personas tienden a creer que las cosas seguirán sucediendo como han ocurrido en el pasado, incluso cuando existen indicios racionales de que no será así. Este sesgo de normalidad tiene también un sentido adaptativo, porque minimiza el gasto de monitorización del comportamiento y nos evita estar constantemente en alerta. Pero también hace que no reaccionemos apropiadamente ante situaciones catastróficas.

La lista de tales sesgos (o de herramientas de respuesta rápida, por seguir siendo benévolos con nosotros mismos) es tan larga y abarca tantos y tan diferentes aspectos de nuestro modo de pensar y de actuar, que cabe plantearse (y hay muchos científicos que lo hacen muy seriamente) si existe realmente el libre albedrío. Sin duda, somos mucho menos libres de lo que creemos (y, sobre todo, de lo que nos gustaría). Y no, no es culpa del Gobierno, los poderes fácticos, ni ningún contubernio mundial, sino de cómo hemos evolucionado. Sin embargo, es también propio de nuestra especie contar, además de con todos estos mecanismos pensados para automatizar de un modo efectivo nuestro comportamiento, con un dispositivo de toma de decisiones más racional, que puede poner en suspenso el anterior y buscar soluciones óptimas (y no sesgadas) a los problemas. Ahora bien, usarlo exige voluntad y disciplina, no solo para buscar suficientes datos y evaluarlos de un modo objetivo, sino, especialmente, para asumir que las conclusiones a las que lleguemos pueden ir en contra de nuestras creencias o apetitos, y hasta de la imagen que tenemos de nosotros mismos. Pero sobre todo, demanda firmeza y compromiso, para algo aún más difícil: cambiar nuestro modo habitual de comportarnos. Claro que, si lo pensamos, autoconocimento y autocontrol es justo lo que llevan predicando filosofías y religiones de toda índole desde hace siglos. Y, de hecho, filosofías y religiones no son sino formulaciones más o menos intuitivas de los principios de pensamiento y de comportamiento que hoy estudia la neurociencia de un modo científico.

A la vista de todo lo anterior, caben dos estrategias (razonables) en la lucha contra la desinformación. La primera es, desde luego, educar a las personas. Explicarles cómo funciona muestra mente y por qué nos comportamos del modo en que lo hacemos. Y fomentar seguidamente como valores máximos la búsqueda de la verdad y el principio moral de hacer a los demás el bien que queremos para nosotros mismos. La segunda, pensada para paliar los daños de la desinformación mientras conseguimos que la primera estrategia funcione, consistiría en usar nuestros sesgos cognitivos y conductuales para neutralizar dicha desinformación, del mismo modo que quienes crean los bulos los utilizan para promover el caos o satisfacer objetivos ilícitos. Entendámonos: no estamos defendiendo usar la ciencia para seguir manipulando, con más eficacia aún, a las personas, sino para resolver los problemas de un modo más efectivo, partiendo de un conocimiento objetivo de cómo estamos constituidos y de qué somos capaces e incapaces de hacer. Efectivamente, han pasado más de tres mil años y sigue más vigente que nunca la máxima délfica: ¡conócete a ti mismo!

Herejes modernos

Como afirmó Marx hace más de un siglo, la historia se repite siempre como farsa. En el siglo V la Iglesia se vio sacudida por la herejía monofisita, que defendía que la naturaleza de Cristo era solo una, porque la humana habría desaparecido absorbida por la divina. Como biólogo y también lingüista, asisto hoy perplejo al resurgir de esta herejía (no diré que en forma de burda comedia, porque representa un problema muy serio) en el campo de las humanidades, que es donde trabajo como docente e investigador. En esta vasta área del saber, que se ocupa desde las lenguas y sus literaturas hasta la historia y la cultura humanas, la naturaleza biológica del hombre ha quedado reducida, con el correr del tiempo, a su más mínima expresión, lo que está conduciendo a visiones disparatadas sobre muchos de los asuntos de los que se han venido ocupando tradicionalmente estas disciplinas, las cuales se enseñan a los alumnos como si tuviesen la misma legitimidad que las resultantes de la aplicación del método científico. Y como era de temer, algunas de estas teorías descabelladas han abandonado las torres de marfil en las que se han pergeñado, (esas en las que habitan la mayor parte de los académicos sin hacer demasiado daño al resto de sus conciudadanos), y han llegado al público general, las más de las veces de la mano de toda clase de populismos políticos. Por poner un ejemplo, a finales del año pasado se publicó en la revista *Bioessays* un artículo denunciando que hasta los editores de las revistas biomédicas estaban comenzando a cuestionar la existencia del sexo biológico y a aceptar trabajos que defendían que se trata de un carácter gradual, en la línea de lo que se venía argumentando desde hacía ya tiempo desde el campo de las humanidades, y más recientemente, por determinadas corrientes ideológicas. Como no podría ser de otro modo, los autores del trabajo señalaban que respetar las opciones sexuales de las personas no puede llevar a ignorar la abrumadora evidencia científica que demuestra que el sexo tiene un carácter binario. Es más, lejos de representar un avance, este relativismo sexual esconde una visión marcadamente antropocéntrica de la realidad, que busca imponer al resto de las especies conceptos de índole cultural que solo son válidos para la nuestra. Los firmantes del artículo concluían que si admitimos que no existe el sexo biológico, estaremos dando carta de legitimidad a una más de las muchas ideas pseudocientíficas que lastran, cada vez en mayor medida, el avance de la ciencia y nuestra comprensión del mundo en que vivimos.

En estos momentos, mi investigación se centra en determinar las causas de la diversidad lingüística, esto es, las razones por las que los seres humanos hablamos miles de lenguas diferentes. Pues bien, cualquier hipótesis a este respecto que incluya factores de índole biológica, aunque desempeñen un papel secundario, es tachada automáticamente (y de forma acrítica) de racista, supremacista, (ultra)conservadora o sospechosa de caer en cualquiera de las desviaciones ideológicas en las que, según los guardianes de la ortodoxia de la corrección política, incurrimos quienes no aceptamos que los hechos humanos son un producto exclusivamente cultural. No deja de sorprender, por lo demás, que quienes se declaran tan sensibles a todo lo que tiene que ver con la diversidad (no solo la lingüística, sino de cualquier otro tipo: sexual, religiosa o incluso gastronómica) se muestren tan escandalizados ante la posibilidad (en realidad, una certeza) de que todas las personas somos biológicamente diferentes. Para ilustrar mejor la naturaleza de esta forma moderna de monofisismo, consideremos con mayor detalle el asunto, antes mencionado, de la diversidad lingüística. Según el relato políticamente correcto de los hechos, aunque las lenguas difieren unas de otras, todas son igual de complejas, de modo que si parecen más simples en alguno de sus aspectos (por ejemplo, porque usen un menor número de sonidos), es porque son más complejas en otros (las lenguas con pocos sonidos tienden a tener palabras más largas). Es más, se defiende de forma generalizada que todas las lenguas pueden satisfacer con la misma eficacia las funciones que desempeña el lenguaje, como pensar, socializar o transmitir información a otras personas. Algo así supondría, en la práctica, que es posible hablar de amor o de física cuántica con igual precisión en cualquier lengua. Y desde luego, es casi un dogma la idea de que las habilidades mentales que nos permiten aprender y usar la lengua que hablamos son idénticas en todas las personas. Una prueba que siempre se aduce a este respecto es que un niño criado por hablantes de una lengua diferente a la de sus padres biológicos aprenderá la lengua de su familia de acogida con la misma facilidad y competencia que sus hermanos de adopción.

El relato anterior resulta, en cierto modo, reconfortante, porque viene a sugerir que las posibles diferencias biológicas entre las personas no solo son mínimas, sino que pueden ser anuladas merced al efecto del ambiente; en suma, que la cultura siempre se impondrá a lo biológico, a lo atávico. Es una variante moderna del conflicto entre lo racional y lo irracional, entre la mente y las pasiones, entre el bien y el mal. Asociamos a lo biológico todo aquello de lo que somos que no podemos controlar y pensamos que es lo cultural, lo que creamos de forma consciente, lo que nos eleva sobre el resto de los animales. Sin embargo, se trata de una visión sesgada de la realidad. Y lo es, en particular, en lo que se refiere a las lenguas. Ciertamente, no todas las diferencias que existen entre ellas tienen un valor funcional. De hecho, muchas resultan de procesos azarosos de cambio, incluyendo el contacto con otras lenguas. Sin embargo, hoy sabemos que una parte de las características distintivas de las lenguas depende de factores externos, como el medio físico en que se hablan y, sobre todo, el entorno social en el que se emplean, por lo que no es descabellado pensar que estos rasgos representen respuestas adaptativas, destinadas a mejorar las funciones que desempeñan. Por ejemplo, las lenguas habladas por grupos numerosos que tienen contactos recurrentes con personas de otras culturas suelen presentar una sintaxis más compleja, que se traduce, por ejemplo, en que son más habituales en ellas las oraciones subordinadas. En cambio, recurren menos a las las frases hechas y las expresiones idiomáticas. La razón que parece explicar estas diferencias es que cuando hablamos con desconocidos estamos obligados a ser más explícitos y prolijos si queremos transmitir con eficacia la información, dado que no tenemos casi nada en común con nuestro interlocutor. En cambio, cuando hablan entre sí dos personas que se conocen bien, basta con unas pocas frases breves, o incluso algunas palabras aisladas, para que el intercambio sea exitoso, porque el contexto compartido permite completar la información que no se explicita verbalmente. Pensemos en lo diferente que es el lenguaje que usamos cuando impartimos una conferencia del que empleamos cuando charlamos distendidamente con un amigo íntimo en un bar. Ya esta circunstancia invalidaría la asunción de que todas las lenguas están hechas igual y sirven igual de bien a las mismas funciones. Es evidente que las lenguas del tipo que hemos descrito parecen estar peor diseñadas para la interacción social o la expresión de emociones, pero estarían optimizadas, en cambio, para la transmisión de contenidos complejos y descontextualizados. Hay, de hecho, maneras objetivas de medir la complejidad absoluta de las lenguas. Se puede hacer, por ejemplo, que un algoritmo informático las aprenda. Un ordenador no es capaz de recurrir a información contextual para «completar lo que falta» y aprende todas las lenguas siguiendo los mismos principios. Lo que se ve es que, efectivamente, el algoritmo tarda más en dominar unas lenguas que otras, por lo que cabe concluir que hay realmente lenguas más simples que otras.

En realidad, lo mismo puede decirse cuando se compara la forma de hablar de personas que usan la misma lengua: mientras que unos hablantes conocen decenas de miles de palabras y son capaces de crear y usar con fluidez oraciones muy elaboradas, el vocabulario de otros es mucho más reducido y su forma de expresión, menos sofisticada. Y no, no es exclusivamente una consecuencia de haber leído menos o haber pasado menos años en la escuela. Nuestro estudio de la diversidad lingüística puede ofrecernos una clave al respecto.

Los diferentes tipos de lenguas que resultan de los distintos ambientes sociales y culturales no solo presentan diferencias estructurales, sino que hacen, además, un uso diferente de los recursos mentales que empleamos para adquirir el lenguaje y procesarlo, en particular, potencian dos tipos de memoria distintos. Así, estas lenguas con muchos hablantes poco aislados culturalmente recurren en mayor medida a la memoria procedimental (donde guardamos todo tipo de reglas, que nos permiten automatizar nuestro comportamiento, desde montar en bicicleta, hasta combinar palabras para formar oraciones) mientras que hacen un uso menor de la memoria declarativa (que almacena el conocimiento consciente, como el significado de las palabras). En suma, es posible que el empleo reiterado de un tipo determinado de lengua dé lugar, con el tiempo, a una especialización cognitiva y en último término, diferencias cognitivas entre los grupos humanos. Y aquí es cuando saltan todas las alarmas de esta suerte de monofisismo que impera en la actualidad y que trata de anular por completo el impacto de la biología en la naturaleza humana. ¿Está usted sugiriendo que no hay dos personas iguales mentalmente? Efectivamente. Justo eso. Es más, hace poco se realizó un estudio que involucró a más de 3000 sujetos británicos y que buscaba determinar el grado de variabilidad interindividual en los parámetros básicos de la morfología del cerebro. El resultado fue que hay personas con cerebros el doble de grandes que otras, los cuales presentan, además, una organización más moderna en términos evolutivos. Es evidente que estas diferencias deben traducirse también en diferencias cognitivas (por ejemplo, a la hora de procesar la información, incluyendo el uso del lenguaje), si bien es cierto también que tales diferencias no son excesivamente apreciables, ni comportan, en general, ningún tipo de déficit, en lo fundamental porque podemos compensarlas mediante una estimulación adecuada, principalmente a través de la educación. Claro que si todas las personas experimentasen durante su desarrollo los mismos estímulos (es decir, fueran educadas del mismo modo), tales diferencias serían mucho más perceptibles. A la vista de tales diferencias, es bueno, desde luego, que recibamos una educación individualizada, de modo que quienes cuentan con alguna desventaja de tipo biológico, no se vean lastrados por ella a lo largo de sus vidas. No obstante, que nuestro desarrollo esté condicionado y pueda modularse por factores ambientales no puede llevarnos a ignorar la existencia de tales diferencias biológicas entre las personas. Es más, se trata del producto de nuestra historia evolutiva (y, por tanto, han debido procurarnos algún tipo de ventaja adaptativa). En último término, representan una fuente potencial de innovación que puede resultar de utilidad en el futuro, por mucho que en estos momentos lo que somos y lo que estamos destinados a ser se vean condicionados en mayor medida por factores de índole cultural. Quizás sea más sencillo entender este último punto si nos movemos a un terreno diferente, por ejemplo, el de la agricultura. En la actualidad, nuestra supervivencia depende de grandes monocultivos: sembramos unas pocas especies de plantas (arroz, trigo, maíz) y unas pocas variedades de dichas especies. Su reducido número y su marcada homogeneidad genética vuelven estos cultivos especialmente vulnerables a los patógenos, de modo que bastaria con que llegase una plaga desconocida para que gran parte de la producción agrícola mundial se viese comprometida.

Por lo demás, no deja de sorprender la falta de coherencia con la que tratamos todas estas disparidades de base biológica. De un modo que resulta pasmoso, en pleno siglo XXI, las pequeñas diferencias físicas que asociamos a lo que llamamos raza (un concepto biológicamente inconsistente y ligado a los peores casos de discriminación de unas personas a manos de otras) nos parecen hoy dignas de estima, hasta el punto de que la gente proclama con orgullo (y hasta consigna en formularios de todo tipo) la (supuesta) raza a la que pertenece: asiático, afroamericano, caucásico, hispano… Claro que al mismo tiempo, y de un modo no menos pasmoso, la etnicidad es hoy algo que, como el sexo, se puede sentir y elegir a voluntad. En otros casos, aceptamos, en cambio, con naturalidad las ventajas que comportan algunas de estas diferencias biológicas. Los nepalíes, por ejemplo, han desarrollado algunas innovaciones fisiológicas menores que les permiten vivir cómodamente a gran altitud (poseen más glóbulos rojos en la sangre que quienes viven a nivel del mar). Del mismo modo, la mayoría de los escandinavos son tolerantes a la lactosa de la leche, porque portan una mutación genética que les permite degradarla a glucosa y galactosa (justo lo que hace el fabricante de leche sin lactosa para beneficio de quienes no llevan dicha mutación). Nadie parece encontrar ofensivo el hecho de que poder vivir a gran altura o consumir leche sin sufrir problemas gastrointestinales no sean adaptaciones puramente culturales (aunque su origen esté en cambios en nuestro comportamiento), sino el resultado de modificaciones biológicas. ¿De dónde surge, entonces, esta reticencia a reconocer que hay también una base biológica en las diferencias cognitivas, conductuales o emocionales que observamos entre las personas? Porque las hay. Ciñéndonos de nuevo al caso del lenguaje, hay diferencias entre niños y niñas, entre jóvenes y ancianos, entre hablantes de lenguas diferentes y, como señalábamos anteriormente, hasta entre dos personas que hablan la misma lengua. Y tales diferencias no se explican únicamente por factores ambientales, sino que se deben también a diferencias de tipo cerebral. La razón es sencilla: en el pasado se usaron argumentos biológicos para justificar todo tipo de comportamientos discriminatorios por razones de sexo, edad, clase social o procedencia étnica. Pero reconocer que las personas son distintas no obliga a segregarlas en virtud de tales diferencias. El gran problema en estos momentos es que el péndulo se ha movido hasta el extremo completamente opuesto, hasta la idea de que todas las diferencias entre las personas son puramente culturales y, por consiguiente, moldeables por el entorno... incluyendo la propia voluntad. Eso explica, entre otras cosas, el mantra, tan difundido hoy en día, de que uno puede elegir ser todo lo que desee ser: hombre o mujer, blanco o negro. Este otro extremo del péndulo es igual de equivocado (y pernicioso) que el opuesto, el que nos sometía a la férrea dictadura de la biología, sin posibilidad de modificar lo que portamos en nuestros genes a través de la experiencia y el aprendizaje, en suma, de la cultura. En realidad, biología y cultura, lo interno y lo externo, lo innato y lo adquirido se complementan y están sujetos a una retroalimentación permanente. Volviendo al ejemplo de la agricultura, para obtener buenos tomates es tan importante la calidad de la variedad que uno siembre como lo acertado de las prácticas de cultivo que siga. Somos el producto de cientos de miles de años de evolución biológica y los cambios que ha experimentado muestro organismo son los que han hecho posible que hayamos sobrevivido como especie, lo que incluye nuestra notable capacidad para enfrentarnos a los desafíos ambientales modificando también nuestro entorno, en lugar de cambiando solo nuestros cuerpos, en suma, a través de la cultura. Nuestra naturaleza es, por tanto, dual: somos biología y somos cultura. Lo que sucede es que los ritmos a los que cambian ambos componentes de dicha naturaleza son muy diferentes: la biología lo hace muy lentamente, mientras que la cultura cambia a gran velocidad. Como dijo el sociobiólogo Edward O. Wilson, «el verdadero problema de la humanidad…. es que tenemos emociones paleolíticas, instituciones medievales y una tecnología digna de dioses». Negar nuestra naturaleza biológica es incurrir en una suerte de monofisismo que solo lleva a comprendernos peor y a adoptar perores soluciones a aquellos aspectos de nuestro comportamiento que, como ocurre con la violencia, fueron adaptativos en un determinado momento, pero que ahora ya no lo son debido a las rápidas transformaciones experimentadas por nuestra sociedad.

La diversidad biológica del ser humano es tan real y tan valiosa como la diversidad cultural. Reconocerla no obliga a tratar a las personas como desiguales, sino que ayuda a conseguir justo lo contrario: solo cuando conocemos las fortalezas y las debilidades de cada individuo es posible alcanzar la genuina igualdad, que, citando a Marx de nuevo (¡en estos tiempos!) y por terminar como comenzamos, consiste en exigir a cada cual según sus capacidades y en dar a cada cual según sus necesidades.

Ilustrados, pero no tanto

Hace dos siglos, los déspotas ilustrados creyeron que la ciencia podría ser la herramienta idónea para mejorar las vidas de sus súbditos (y de paso, afianzar su dominio sobre ellos). Transformaron el paisaje y las costumbres de sus posesiones al dictado de las ideas de la Ilustración, de la mano de filósofos, arquitectos, agrónomos y educadores. Hoy en día, aquellos súbditos, transmutados en ciudadanos, han tomado las riendas de su propio destino y dicen seguir defendiendo una visión racionalista de los asuntos humanos, que los lleva a preferir, a la hora de gobernarse y vivir en sociedad, el método científico al catecismo o la sharía. ¿Pero de verdad es así? En realidad, la mayoría tenemos un conocimiento bastante somero de la ciencia del mundo que nos rodea y de la tecnología que hemos logrado crear (elevar la educación científica de la población sigue siendo un gran reto pendiente). Más preocupante aún es que todo ese saber apenas afecte a las decisiones que toman nuestros políticos, que las más de las veces no llegan a ser ni déspotas ilustrados.

Seré un poco más concreto (y más provocador): decisiones tan relevantes socialmente y tan costosas económicamente como las políticas de género, la organización territorial del estado o la regulación de la inmigración no pueden seguir tomándose al albur de las emociones (me siento esto o lo otro, me gusta aquello o lo de más allá), al dictado de las ideologías (en general, poco compatibles con la realidad de las cosas y con las que nos identificamos con la visceralidad con la que seguimos a nuestro equipo de fútbol favorito) o en respuesta a meros intereses cortoplacistas de personas, partidos o instituciones. Este modo de proceder es el mejor abono para el populismo, que busca persuadir apelando tan solo a nuestras reacciones más primarias. Ni siquiera basta con traer a la arena política las ideas humanísticas (filosóficas, históricas y hasta literarias), como se hace a veces. Lo que necesitamos es que la ciencia informe nuestras decisiones políticas. Y puesto que se trata de cambiar la organización y la composición de nuestra sociedad, han de ser antropólogos, neurocientíficos y biólogos evolutivos (entre otros) quienes nos ayuden a discernir las medidas deseables, de las razonables, las factibles, las perjudiciales o las irrealizables, las cuales, para nuestra desgracia, suelen mezclarse sin orden ni concierto en las actuales políticas sociales.

Consideremos, a modo de ejemplo, las políticas migratorias. Hoy el discurso dominante es que el multiculturalismo es enriquecedor y que, por tanto, debemos aceptar sin trabas el libre flujo de personas entre unas regiones y otras. En nuestro país, la política migratoria es, en la práctica, una política de puertas abiertas. Se quiere justificar también por la baja natalidad nacional y la necesidad de cubrir puestos de trabajo poco cualificados. Dejaré a un lado mi impresión de que el incremento de la movilidad global está reduciendo, paradójicamente, la diversidad cultural del planeta, volviendo más parecidas entre sí todas las culturas. Haré lo propio con mi convicción de que se puede revertir el bajo crecimiento vegetativo con políticas de natalidad más efectivas, así como satisfacer la demanda de mano de obra no especializada mediante políticas educativas y laborales diferentes, que dignifiquen el trabajo manual, económica y socialmente. Me centraré, en cambio, en si la ciencia puede ayudar a adoptar políticas migratorias más eficaces, que eviten, por ejemplo, la escasa integración de los inmigrantes o la aparición de guetos. Y por ciencia me refiero, en este caso, a lo que sabemos sobre la evolución de la especie humana, un proceso muy lento que no puede alterarse de la noche a la mañana por decreto gubernamental.

Los humanos hemos evolucionado para vivir en grupos pequeños, de un centenar de personas a lo sumo. Es un tamaño adecuado para protegerse de la mayor parte de los predadores y suficiente para desarrollar culturas sofisticadas. Pero vivir en grupo es estresante, porque el contacto recurrente con otros individuos provoca todo tipo de tensiones. Hemos evolucionado también para resolver tales conflictos. Lo hacemos a través del lenguaje (dialogando, contando historias, recitando poemas, cantando...o insultando) y de prácticas culturales específicas (celebrando banquetes o participando en actos religiosos), lo que consigue, en último término, vincularnos afectivamente a los demás. Pero tales vínculos, que, insisto, son la base de una sociedad armónica, no pueden establecerse sin más con cualquiera: demandan, para formarse y afianzarse, un sentimiento de pertenencia común, que descansa en una compleja red de afinidades, como hablar una misma lengua, proceder de un mismo lugar, tener una misma visión del mundo y gustos culturales parecidos, o compartir intereses, aficiones o tareas. Son estos vínculos los que permiten ir creando agrupaciones sociales mayores: clanes, tribus, pueblos y finalmente, estados... Pretender, como se suele intentar hoy en día, construir este tipo de comunidades de mayor nivel sin conformar previamente tales vínculos, es ir en contra de la causalidad resultante de nuestra historia evolutiva. Y de ahí, con casi total certeza, el generalizado fracaso de las actuales políticas migratorias.

Este fracaso demuestra que necesitamos una mejor transferencia del conocimiento científico no solo a la sociedad en

general, sino a sus gestores políticos. De no hacerlo, seguiremos adoptando malas soluciones para problemas que
serán cada vez más acuciantes y complicados de resolver en
el futuro. Todavía estamos a tiempo de cambiar de rumbo
hacia una democracia genuinamente ilustrada.

Parte III. Cómo vivimos

Mies van der Rohe en la cueva neandertal

Hace no demasiados años, los neandertales eran retratados, incluso en la literatura científica, como criaturas casi simiescas, mucho menos avanzadas cognitiva y culturalmente que nosotros. Hoy, en cambio, son mayoría los autores que los presentan como poco menos que una tribu de humanos perdida entre los hielos de la última glaciación. En realidad, es un desacuerdo más aparente que real, y desde luego, motivado en mayor medida por razones ideológicas que científicas. Décadas llevan los paleoantropólogos estudiando nuestras respectivas fisonomías, como también llevan décadas los arqueólogos comparando los restos dejados por ambas especies en los lugares en los que habitaron. En conjunto, no hemos logrado encontrar más que sutiles diferencias entre ellos y nosotros, posiblemente más de índole cualitativa que cuantitativa. La cuestión estriba, en realidad, en el valor que estemos dispuestos a darles a tales diferencias. ¿Se trata de meras variaciones de un diseño corporal y un modo de pensar y de vivir sustancialmente idénticos? ¿O tienen, en cambio, un valor adaptativo? De hecho, pasa lo mismo con los propios seres humanos. ¿No somos todos (ligeramente) distintos en lo que se refiere a la estatura, la conformación física, la inteligencia, las pasiones que nos dominan o los intereses que nos ocupan? Ahora bien, ¿aceptaríamos que pueda haber personas más inteligentes, o más agraciadas, o más capaces que otras debido a tales diferencias? El actual mundo posmoderno está preso, así, de una suerte de esquizofrenia biempensante: al tiempo que vindica la diversidad en todas sus manifestaciones, hasta las más peregrinas, rechaza que tal diversidad pueda interpretarse en términos de ventaja o desventaja a la hora de vivir. Si hasta las fronteras que nos separan de los primates vivos, como chimpancés, bonobos o gorilas, están difuminándose (o siendo demolidas a conciencia), no debería sorprendernos que las que nos separan de los neandertales también se estén poniendo en cuestión.

En los últimos años se ha vuelto posible secuenciar el ADN dejado por los neandertales como haría cualquier forense en la escena de un crimen. Y al igual que estas técnicas ayudan a determinar si alguien es culpable o no de un delito, cabe esperar que permitan esclarecer si los neandertales eran o no como nosotros. Un trabajo de esta índole publicado recientemente ha concluido algo muy interesante: los grupos neandertales vivieron aislados unos de otros durante miles de años hasta que acabaron por extinguirse. O sea, que al final puede que sí haya realmente algo que nos distinga de unos seres que, ciertamente, vivían en unidades familiares parecidas a las nuestras, mostraban bastante empatía hacia sus semejantes, adornaban sus cuerpos y, muy posiblemente, se comunicaban emitiendo sonidos parecidos a los nuestros: se trataría de la curiosidad. Porque durante milenos los neandertales habitaron los mismos lugares que sus antepasados, cazaron las mismas presas, tallaron las mismas herramientas… Los neandertales estaban así tan presos de sus rutinas como lo estamos nosotros de nuestras ansias por escapar a ellas. A diferencia de los neandertales, los humanos nos pasamos la vida planificando encuentros, celebraciones, viajes, o proyectos, y las más de las veces, aguijoneados por una insatisfacción permanente: por no haber hecho todo eso mucho antes, porque llevarlo a la práctica entraña toda clase de dificultades; por el vacío que dejan todas las cosas cuando se terminan, y sobre todo, porque nunca nada nos parece suficiente. Hemos olvidado que transitar una senda conocida pisando las huellas de quienes nos precedieron puede ser una forma tan lícita (y tan gratificante) de vivir como abrir constantemente nuevos caminos para explorar territorios desconocidos.

A comienzos del siglo XX, el movimiento minimalista, con el arquitecto alemán Mies van der Rohe a la cabeza, defendió la necesidad de reducir a lo esencial los elementos estructurales de las construcciones, bajo el lema de que «menos es más». Pero poco después, los maximalistas, de la mano de arquitectos como el norteamericano Robert Venturi, argumentaron justo lo contrario: que «más es más» y sobre todo, que «menos es aburrido».. en fin, nada que no hubiesen clamado antes los partidarios del rococó, el barroco, el manierismo… o sí, muy probablemente, algún coetáneo humano de los últimos neandertales, escandalizado por aquella forma suya de vivir tan austera, tan rutinaria, tan presa de las normas heredadas. Pero ay, el maximalismo no es solo una vindicación de la exuberancia, la creatividad o la espontaneidad humanas. Posee también otra cara menos amable y jubilosa: el despilfarro, el desequilibrio, la falta de aprecio por lo básico y lo duradero. Desde sus orígenes, el arte vive desgarrado por estas dos pulsiones antitéticas: reducir la forma a lo esencial para que nada nos distraiga del mensaje (y de la vivencia plena del mensaje), o convertir la forma en el propio mensaje (con el riesgo de que el artificio termine por envolver una nada). Aunque esto vale también para la propia vida, porque, ¿qué es mejor? ¿Reducir nuestras posesiones y nuestros afanes a lo esencial, para poder experimentarlos de un modo más pleno, o tratar de atesorar la mayor cantidad de bienes y vivencias aun a riesgo de gozar de ellos solo de un modo superficial?

Pues bien, henos aquí habiendo hollado ya hasta el último confín del orbe (y puesto el pie, incluso, en las desoladas llanuras de la Luna) y habiendo transformado el mundo hasta adaptarlo de todos los modos imaginables a nuestras necesidades (y a nuestros caprichos). Nos hemos hecho ya todos los *selfies* posibles desde todos los rincones del globo y los hemos compartido hasta con posibles civilizaciones alienígenas (fotos nuestras viajan desde hace décadas en las sondas Voyager más allá de los cofines del Sistema Solar). Igual ya es hora de parar. De cesar con esta actividad frenética. De detenernos por un instante, o una década, o un par de siglos. Se multiplican las señales que nos advierten de los peligros de este maximalismo vital: hambrunas, cambio climático, conflictos por el agua y las tierras raras, pandemias… No se trata de ser catastrofistas, porque a buen seguro sabremos salir de todo esto. ¿Pero para qué? ¿Para seguir ocupando y exprimiendo el planeta un poco más? ¿Para hacer lo mismo en otros planetas? ¿Para que, en lugar de haber una treintena de ciudades con más de diez millones de habitantes, como ocurre ya hoy, sean trescientas dentro de un siglo… o tres mil? ¿Para que se vendan 800 millones de automóviles nuevos cada año, en lugar de los 80 millones que se vendieron el pasado?

Necesitamos con urgencia una larga terapia de minimalismo existencial, que no consiste en una vida abocada a los sinsabores de la austeridad y la renuncia, sino en disfrutar con plenitud de aquello que es imprescindible (que no es tanto, después de todo); y que no entraña abjurar de nuestra naturaleza inquisitiva, sino en hacer que se centre en lo más próximo (material y espiritualmente) a nosotros. Un clamor, por lo demás, nada nuevo, porque este humilde regato del minimalismo viene dejando oír su rumor desde los mismos albores de la humanidad, a pesar del estruendo de la riada maximalista: Diógenes, los epicúreos, Cristo, los Padres del desierto, el budismo zen… No es tan difícil: en el fondo todos sabemos qué necesitamos para vivir bien y sabemos aún mejor que es muy poco. Ya sé que los genes no funcionan así (porque lo que somos depende de otros muchos factores internos y desde luego, del ambiente en que nos desarrollamos), pero, metafóricamente al menos, dejemos por un tiempo que se exprese ese 4% de ADN neandertal que la mayoría de nosotros lleva dentro. Apreciemos el valor (y la belleza) de contemplar todos los días el mismo amanecer desde la misma ventana, de saborear el mismo vaso de café mientras el mundo se despereza un día más a nuestro alrededor, de pasear por el mismo camino que recorrimos por vez primera de la mano de nuestro padre hace medio siglo. Seamos más neandertales ahora que serlo no es sinónimo de embrutecerse, sino más bien, de elevarse sobre la tiranía del consumo desaforado y la insatisfacción permanente.

La conspiración de los iguales

En 1797 François Babeuf fue ejecutado por el Directorio por haber conspirado para llevar a Francia la igualdad absoluta. Si hubiese vivido hoy, su destino habría sido un poco más amable. Uno lo imagina en casa, defenestrado por el líder de su partido (sí, ese oportunista sin escrúpulos que accedió al poder prometiéndoselo todo a todos para luego no darle nada a nadie), compartiendo con sus pocos fieles ese meme salido de una pintada en una pared de Alcalá de Guadaira: «emosido engañado». ¡Qué ingenuo! Pretender instaurar un comunismo puro... Hoy, tras dos siglos intentándolo, la sangre derramada y el sufrimiento infligido han convencido a una mayoría de que la igualdad impuesta solo conduce a la tiranía y de que todo hombre debe ser libre para decidir qué tipo de vida quiere llevar, y en particular, para poder prosperar mediante su ingenio, su trabajo, o ambas cosas... hasta que la desigualdad resultante traiga, claro está, no menos sufrimiento y a lo peor, un derramamiento de sangre no menos copioso. Para entender por qué fracasó Babeuf y por qué, a pesar de su fracaso, muchos más lo seguirán intentando, para acabar fracasando también, no basta con leer a historiadores, politólogos, economistas o filósofos. Y es que, bajo los hechos innumerables, los discursos apasionados, el intercambio febril de bienes, o el debate infatigable de las ideas, no están sino nuestros cuerpos, con sus propiedades mecánicas distintivas, sus procesos fisiológicos característicos, sus pulsiones bien conocidas. Sigue pendiente, por eso, una historiografía que narre los avatares humanos desde la perspectiva de lo que la evolución ha hecho de nosotros. Y somos, en esencia, unos primates a los que el azar colocó en unas condiciones muy particulares: el inhóspito mundo de la última glaciación. El resto son solo detalles...

Resumamos en un párrafo unas decenas de milenios de nuestro devenir como especie: hace alrededor de cien mil años el clima se deterioró notablemente en todos los lugares en los que habitaban nuestros ancestros (hizo más frío en Europa y se redujeron las precipitaciones en África). Solo una mayor cooperación entre las personas (porque ya lo eran plenamente) permitió sobreponerse a la falta generalizada de alimentos y a las dificultades que conllevó explorar y ocupar nuevos territorios en los que procurárselos. Pero para cooperar con éxito es necesario aprender primero a convivir. Hasta ese momento, nuestros antepasados habían vivido, muy probablemente, como aún hoy lo hacen los chimpancés: organizados en sociedades jerárquicas tuteladas por un macho fuerte y violento. Sin embargo, en ese momento tuvo lugar un cambio crucial: los machos menos poderosos (o *betas* en la jerga etológica) se coaligaron para acabar con el macho dominante (o *alfa*) del grupo. Tampoco es tan complicado: basta con que se extravíe una flecha durante una partida de caza o que alguien tropiece con él cuando está asomado a algún barranco... Con el tiempo, esto se tradujo en una selección de individuos cada vez menos agresivos y cada vez más proclives a la vida en sociedad, los cuales sobrevivieron mejor en ese nuevo entorno más inhóspito. En estos nuevos grupos sociales, todos los individuos tenían un estatus semejante y posesiones materiales parecidas (después de todo, si uno es un cazador nómada no es mucho lo que puede transportar sobre sus espaldas). Efectivamente, podemos decir que, por primera vez en nuestra historia, tuvo lugar una conspiración de los iguales. Pero a diferencia de la de Babeuf, esta se prolongó con éxito durante largo tiempo y trajo paz al seno de clanes y tribus... si bien, no un mundo totalmente en paz, puesto que estos grupos también guerreaban entre sí de forma constante para arrebatarse recursos y territorios. Creamos de esta forma un tipo novedoso (y esquizofrénico) de sociedad primate: muy tolerante con sus propios miembros y muy intolerante con los demás. Sin embargo, la adopción de la agricultura y la ganadería durante el período neolítico, y la subsiguiente sedentarización, trastocaron este contrato social paleolítico: se crearon excedentes que acabaron en manos de unos pocos y esta desigualdad, siempre creciente, se tradujo en conflictos cada vez más frecuentes, no solo entre potentados y desposeídos (para intentar redistribuir la riqueza), sino a todo lo largo de jerarquía social (porque todo el mundo aspiraba ahora a subir algún peldaño). En muchos casos, estos conflictos se canalizaron en forma de guerras de agresión a gran escala contra otros grupos. El mundo moderno no ha hecho sino llevar al paroxismo este nuevo contrato social neolítico, según el cual el éxito como individuo no estriba tanto en cooperar con los demás, sino en ganar preeminencia sobre ellos. Espoleados por un mercado que ha hecho del consumo desmedido su principal razón de ser y del disfrute de los bienes que genera la única filosofía vital, los iguales de antaño ya no buscan acabar con las élites para lograr la paz social, sino convertirse ellos mismos en la élite dominante, lo que no hace sino reforzar el conflicto social. Paradójicamente, una loable apuesta de la modernidad, a saber, la universalización de la educación, se ha convertido en un propelente de esta fatal tendencia. El historiador norteamericano Peter Turchin ha correlacionado los picos de esta «sobreproducción de élites» con períodos de mayor convulsión social. Su idea es sencilla: cuando la sociedad no es capaz de absorber a sus élites cualificadas (y eso significa proporcionarles tareas bien remuneradas acordes a su preparación), dichas élites se sienten frustradas por no haber conseguido el estatus que creen merecer y se confabulan para subvertir el orden social y derrocar a quienes las gobiernan. No es de extrañar, por tanto, que hoy andemos demediados: a la vez que nos fascinan los líderes, conspiramos constantemente para acabar con ellos.

Me puse a reflexionar sobre todo esto el otro día, cuando al llegar al aula, me encontré con que, de los cien alumnos que tengo matriculados en la asignatura, eran menos de diez los que habían decidido venir a clase. De ahí pasé a recordarme yo mismo como *flaneur* en muchos de los congresos a los que he asistido, a medias aburrido de tantas ponencias insustanciales como se presentan en ellos, a medias harto del resto, que suelen ser por completo sectarias y pensadas, en realidad, como caja de resonancia de la ideología en el poder (o, mejor dicho, del poder a secas). Indefectiblemente, acabé concluyendo que gastamos ingentes cantidades de dinero en mantener abiertas las universidades, pero también muchas otras instituciones que no producen nada tangible (nada, al menos, que podamos usar para alimentarnos o para vivir con mayor desahogo). Y lo hacemos (y creo firmemente en ello) porque es positivo dedicar parte de nuestros recursos a cultivar nuestras mejores cualidades: el anhelo por comprender el mundo que nos rodea, la necesidad de producir objetos hermosos y sobre todo, el deseo de legar lo aprendido y lo creado a quienes nos sucederán. Las universidades (y los museos, las salas de concierto o los talleres artísticos) constituyen, así, un epifenómeno de lo mejor del ser humano y por eso mismo, supone un gran fracaso colectivo verlas vaciadas de alumnos, rendidos a los cantos de sirena del mercado o del ocio, y repletas, en cambio, de profesores enfangados en absurdas controversias (como el sexo/género de los ángeles) o convertidos en meros propagandistas (de las ideologías rojas, azules o de cualquiera de los colores del arcoíris). ¿Pero y si en realidad a lo que estamos asistiendo es a la enésima derrota de Babeuf, a un nuevo fracaso de la conspiración de los iguales? Porque sí que necesitamos élites, pero no élites que quieran alcanzar el poder, sino élites que aspiren a fiscalizar a los poderosos, a denunciar sus vaivenes, sus rendiciones morales, sus engaños, sus apaños… y también a asesorarlos en sus políticas, a ayudarlos con sus conocimientos a tomar las mejores decisiones para enfrentarnos con éxito al futuro que nos espera. La tiranía no se combate hoy mediante flechas perdidas o encontronazos premeditados, sino produciendo más élites críticas y élites más críticas. Pero las aulas vacías, la menor calidad de la formación que impartimos en ellas, la ausencia de verdaderos intelectuales… son todos síntomas de que no lo estamos consiguiendo, y en último término, señales de que nos urge firmar de nuevo el contrato igualitario que suscribieron nuestros antepasados o estaremos condenados a seguir los pasos de Babeuf durante otro siglo más.

El retorno a la tribu

Las actitudes que tenemos hacia los fenómenos lingüísticos son muy reveladoras de las transformaciones que puede estar experimentando una sociedad. Por ejemplo, cada vez nos gusta menos usar el *usted*. Si ocasionalmente lo empleamos, es porque tenemos que dirigimos a perfectos desconocidos, aun cuando hace solo dos o tres generaciones uno llamaba de usted a su propio padre. Este pequeño cambio sugiere que hoy nos preocupa más en qué medida conocemos a una persona que la posición que ocupa en la jerarquía social, lo cual es típico de sociedades más igualitarias. Pues bien, hay otros dos fenómenos relacionados con la lengua que son indicativos de lo que cabe considerar un genuino cambio de mentalidad, uno que, siguiendo al filósofo vienés Karl Popper, podríamos llamar el retorno a la tribu, y sobre todo, al modo tribal de pensar. Se trata de la obsesión por la diversidad lingüística y la no menos obsesiva fijación por lo se conoce como lenguaje políticamente correcto.

En cuanto a lo primero, asistimos a una vindicación permanente, que ha devenido en agresiva defensa, de las lenguas regionales frente al español; de los dialectos frente al estándar; de las formas populares de hablar frente al registro culto. Cualquier protesta por esta deriva se etiqueta automáticamente como insolidaria con las minorías, insensible a la diversidad lingüística (y cultural) del país, y en último término, un ataque a la libertad del individuo de comportarse a su antojo y de identificarse con quien le plazca. Sin duda, hay algo de necesario en tales vindicaciones. Las lenguas locales han estado relegadas a la esfera privada durante mucho tiempo. Del mismo modo, los dialectos del español o el habla de las clases populares han sido muy a menudo objeto de burla, cuando no menospreciados como formas deficitarias de expresión. Ahora bien, considerar la lengua nacional o la variante culta del idioma como instrumentos de coerción se antoja una visión harto simplista (y las más de las veces, políticamente interesada). Constituyen, en realidad, una de las mejores herramientas para vertebrar un territorio, al permitir la comunicación entre gentes que usan variedades lingüísticas dispares. Ayudan a atender mejor las necesidades de sus habitantes, como lo haría una buena red de carreteras. Es más, en la defensa a ultranza de lo local, de lo particular, puede esconderse también una involución hacia sociedades más excluyentes: no olvidemos que para cualquier nacionalista la lengua es la principal seña de identidad, la marca última que lo distingue del extranjero, del bárbaro… del inferior tantas veces, porque bárbaro es, etimológicamente, el que balbucea y quien balbucea no ha alcanzado aún la condición de sujeto pleno. Al final, la vindicación exacerbada del hecho diferencial solo conduce a la autarquía cultural, al retorno a esa tribu que parecíamos haber abandonado para siempre.

¿Y qué decir de la corrección política, según la cual buena parte de las palabras o expresiones de la lengua son sospechosas de mancillar la dignidad del individuo? Estamos, sin duda, en la edad de oro del eufemismo. Ya no hay negros o blancos, sino sujetos racializados; los pobres son ahora personas en riesgo de exclusión social; pasar necesidad es estar en situación de emergencia económica; y cuando la compañía de la luz nos apremia a pagar el recibo, es que nos está sometiendo a violencia energética. Del mismo modo, se desdoblan los sustantivos masculinos en su uso genérico para, supuestamente, visibilizar a las mujeres (de manera que ahora ya no hay médicos en general, sino médicos y médicas) y hasta se acuñan nuevos pronombres (*elle*) para quienes no se sienten ni hombres ni mujeres. Una vez más, hay algo bienintencionado en estas propuestas, en esencia, una apelación a ser más respetuosos en el trato verbal con nuestro prójimo. Pero no es menos cierto que tales prácticas esconden una suerte de pensamiento mágico: aquello a lo que se despoja de su nombre, deja de existir; las cosas a las que damos un nuevo nombre, cobran vida; en último término, los cambios que imponemos a la lengua se convierten, como por milagro, en avances sociales. Múltiples estudios han demostrado, sin embargo, que el efecto que tiene la lengua que hablamos sobre nuestra manera de percibir y entender el mundo es mínimo. Y desde luego, la realidad sigue siendo la misma aunque la llamemos de otro modo: los sujetos racializados seguirán sufriendo el racismo, los pobres energéticos seguirán malviviendo y las médicas continuarán cobrando menos que los médicos… salvo que apliquemos las leyes y castiguemos a quienes sean racistas, acaparen los recursos o discriminen salarialmente a sus empleadas. Pensar que hay una conexión causal entre el lenguaje y la realidad es propio de los niños o de los pueblos que creen aún en conjuros, maldiciones o encantamientos.

En definitiva, hasta la propia lengua nos señala con suma nitidez la preocupante deriva en la que se halla inmersa nuestra época: el retroceso de la razón, la infantilización de las mentalidades y, a la postre, el retorno a formas de pensar y de comportarnos propias de épocas y lugares más oscuros, muy distintos de las sociedades modernas y democráticas en las que todos aspiramos a vivir.

El cuento del progreso

A buen seguro, los humanos empezamos a contarnos cuentos al poco de aparecer como especie. Los cuentos son descripciones de hechos que ocurren en lugares y momentos distintos a los que ocupan narrador y público, a menudo, en escenarios que solo pueden existir en nuestra mente. Este vagabundeo mental por el espacio y por el tiempo, tan natural para nosotros, es seguramente imposible para el resto de los animales, que viven confinados en la inmediatez del presente y de su entorno físico más próximo. Los humanos contamos cuentos para tratar de entender la realidad, pero también porque somos seres sociales. Narrar historias nos ayuda a convivir, a disipar las tensiones de la vida en grupo (es mejor hablar sobre los problemas que resolverlos por la violencia), aunque sirve igualmente para impresionar a los demás (¿no seguimos valorando a quien tiene mucha labia o un pico de oro?) y en muchos casos, también para manipularlos (como cuando nuestros políticos presumen de que no importan los hechos, sino su relato). Nuestro insaciable deseo de contar historias y de que nos las cuenten es, por tanto, consustancial a nuestra propia naturaleza, y por inclusión, a nuestra forma de vivir. Pero recordemos: un relato es solo una aproximación imperfecta (e interesada) a la realidad misma.

Hoy en día, nuestro cuento preferido es el del progreso: que todo tiempo pasado fue peor y que todo tiempo venidero será mejor. Como en todo cuento, hay algo de verdad en él: en comparación con quienes nos antecedieron, hoy vivimos más tiempo, experimentamos menos privaciones, padecemos menos enfermedades, disponemos de más conocimientos, disfrutamos de más ocio, sufrimos menos injusticias… Pero como todo cuento, tiene también bastante de mistificación, porque por mucho que hayamos progresado en ese sentido, lo hemos hecho también en otro mucho menos positivo, ya que consumimos más recursos, producimos más deshechos, alteramos más nuestro entorno, somos muchos más sobre el planeta… Y aún peor: esta avidez por progresar ha hecho de nosotros unos insatisfechos crónicos, que ansían visitar cada vez más lugares, probar más y más platos, tener aún más parejas, conectarse a todo y a todos cada vez más tiempo y cada vez más rápido. El mundo globalizado y tecnificado de hoy se ha convertido, de este modo, en la última página de ese cuento que llevamos contándonos unos a otros desde los albores de la civilización: la ucronía progresista. Hasta el propio léxico se ha contaminado de esta fabulación, de manera que *progresista* es hoy un término meliorativo, mientras que *conservador* es adjetivo peyorativo.

No se trata, obviamente, de promover el retorno a las cavernas. Ni siquiera, de recordar la urgencia por tomar (y tomarnos en serio) medidas básicas para prevenir dificultades de gran calado que están a la vuelta de la esquina: el cambio climático, la inmigración sin control, las enfermedades emergentes, la escasez de recursos básicos… Se trata, en realidad, de recordar una obviedad: que incluso el progreso al que no podemos ni debemos renunciar (que haya alimentos para todas las personas o que todos los niños se vacunen y asistan a la escuela) exige un peaje que ya estamos pagando. Es más, muchos de sus efectos nunca van a poder ser revertidos, en esencia, porque para ello tendríamos que volver a la vida de penalidades que sufrieron nuestros ancestros. No es que estén desapareciendo unas cuantas especies de animales y plantas: lo que estamos viviendo es un evento de extinción masiva. Y no es que el clima se esté volviendo más cálido: muy pronto grandes porciones de la Tierra serán inhabitables. Y no pensemos que se están perdiendo las lenguas y costumbres de algunos pueblos remotos: nos encaminamos, de facto, hacia la uniformidad cultural del planeta. Ahora bien, la anterior no es una visión apocalíptica de nuestro futuro. Es casi seguro que continuaremos viviendo igual de bien (o incluso mejor), porque los avances científicos y las innovaciones tecnológicas harán que contemos con energías más limpias, mejores métodos agrícolas, formas más eficientes de obtener y explotar las materias primas, mejores maneras de protegernos de un clima más inhóspito... Pero no será ya el mundo de antes, ni mucho menos la arcadia con la que nos quieren embaucar esos políticos progresistas que tanto abundan hoy en día: una sociedad culturalmente diversa inmersa en un entorno no menos diverso. Como la biológica, la diversidad cultural humana es producto del aislamiento y la especialización, de una adaptación secular a entornos específicos mediante el desarrollo de habilidades y modos de vida solo apropiados para dichos entornos. Pero en la actualidad, en lugar de acomodarnos culturalmente al medio, lo cambiamos para que se ajuste a nosotros. Y en vez de respetar las fronteras entre las culturas así desarrolladas, nos mezclamos de cualquier modo. El resultado es que toda esa diversidad deja de ser funcional y termina desapareciendo. Lo que resta (lugares, edificios, canciones, costumbres, comidas, creencias) se convierte, entonces, en otra cosa: un decorado que solo sirve de reclamo para los turistas en los que nos hemos acabado convirtiendo todos y en todas partes.

Quizás ha llegado el momento de contar de otro modo el cuento de la historia humana, con personajes que sean tan conservadores como sea posible y progresistas solo en la medida en que sea imprescindible y, desde luego, que tengan presente a cada instante que cualquier progreso será siempre una pérdida irreparable de algo que hizo de nosotros lo que estamos a punto de dejar de ser.

La tercera ley de Newton

Isaac Newton, el padre de la física moderna, formuló en 1687 sus tres conocidas leyes del movimiento, que explican el comportamiento mecánico del mundo natural, desde la órbita que siguen los planetas alrededor del Sol, hasta la caída (apócrifa, por cierto) de la famosa manzana sobre su cabeza cuando descansaba en su jardín. Newton escribía en latín, de modo que la tercera de sus leyes suena con la solemnidad de lo que sigue: «Actioni contrariam semper et aequalem esse reactionem», es decir, a cada acción se opone siempre otra de la misma intensidad, pero de sentido contrario. En realidad, este principio no solo permite entender cómo se mueven los objetos físicos: sirve también para comprender cómo responde nuestro cuerpo y nuestra mente a los cambios que ocurren en nuestro entorno y a la postre, para entender mejor el paradójico devenir de nuestras sociedades. Y es que, a poco que uno lea la prensa o escuche la televisión, se habrá percatado de que ese mundo perfecto que nuestros políticos habían diseñado para nosotros dista mucho de parecerse a la realidad surgida de la aplicación de las medidas con las que nos sedujeron para que los votásemos. Nos convencieron, por ejemplo, de que había que apostar a todo trance por la digitalización y la ludificación de la enseñanza, porque de este modo tendríamos acceso ilimitado y más placentero al conocimiento, y lo cierto es que las competencias académicas de nuestros hijos no dejan de disminuir en todas las áreas. Nos pusieron también frente a un perturbador espejo que devolvió de nosotros la imagen de una sociedad xenófoba e intolerante, por lo que nos urgieron a aceptar que cualquiera pudiese entrar y quedarse en el país, y resulta que empezamos a sufrir serios problemas de integración de los recién llegados. De igual modo, nos explicaron que habíamos crecido sojuzgados por el patriarcado, de ahí que fuese necesario hacer tabla rasa de cualquier forma de vida anterior, y ahora sucede que las nuevas generaciones se declaran menos feministas que las precedentes, que cada vez nacen menos niños y que cada vez más personas viven y mueren en soledad. Y suma y sigue.

Hay una explicación bastante evidente para todo lo anterior, pero para ello, como decía el poeta polaco Stanisław Barańczak, hace falta mirar a la verdad a los ojos. Y la verdad es que todas estas importantes políticas (empezando por las económicas, siguiendo por las educativas y acabando por las sociales) son, en el mejor de los casos, el producto de ideologías pueriles, de una suerte de voluntarismo bienintencionado que se estrella una y otra vez contra la terca realidad de las cosas. En el peor, son un trampantojo que apenas logra ocultar su verdadera intención: la mera satisfacción de los más primarios y burdos apetitos personales como la fama, la riqueza o el poder. Lo que no hay detrás de ellas es, desde luego, un modelo de Estado, ni mucho menos de sociedad, pensado para el largo plazo, algo que solo es posible teniendo en cuenta nuestra historia y nuestras costumbres, pero, sobre todo, lo que filósofos, psicólogos, antropólogos o neurocientíficos han aprendido sobre la naturaleza del ser humano. ¿La conclusión más importante? Que no es posible cambiar una sociedad de la noche a la mañana mediante propuestas radicales que choquen con una inercia de siglos (si hablamos de nuestras instituciones) o de milenios (si pensamos en nuestro comportamiento). Admitiendo que haya cosas que cambiar en nuestra sociedad (¡y las hay!), habrá que razonar muy bien el porqué de tales cambios y el sentido en que habrán de producirse; será preciso preservar todo lo que funciona y merece la pena del pasado (¡y es mucho!); y, sobre todo, consensuar los cambios y aplicarlos con mesura, gota a gota. Porque cuando se cimbrean a capricho los cimientos de una sociedad, solo cabe esperar que se produzca una reacción que, como coligió Newton, será de la misma intensidad, pero de sentido opuesto. Y eso es igual de pernicioso.

Los jóvenes que se declaran menos feministas que sus padres no se oponen a la igualdad entre las personas: cuestionan un discurso que los convierte en una amenaza por la mera razón de su sexo. Quienes piden regular la inmigración no defienden el supremacismo racial: solo quieren vivir en una sociedad organizada, donde cada cual ocupe un sitio digno y pueda ganarse la vida con su trabajo (y esto incluye a los que llegan de fuera). Los que defienden el valor de la familia no son unos reaccionarios: simplemente son conscientes de su preciado papel como red de apoyo frente a las vicisitudes de la vida. Y hoy, quienes cuestionan los privilegios dados al nacionalismo, no son meros patrioteros, sino personas que piden que los españoles sigamos siendo iguales ante la ley y que los territorios más ricos continúen ayudando a los más desfavorecidos. La solución a todas estas reacciones, del todo naturales, no pasa por seguir aumentando la dosis de las políticas que las han causado, porque no harán sino incrementarse en la misma proporción. Igual que puede haber una parte de razón en quien propone los cambios, la hay, desde luego, en quien se opone a ellos. La solución, que es también antigua, pasa por la *aurea mediocritas* de los clásicos, por el justo medio aristotélico: consenso, equilibro, morigeración, templanza. Pero es signo de lo mal que lo estamos haciendo el que, con el tiempo, *mediocridad* haya terminado adquiriendo el sentido tan peyorativo que tiene hoy en nuestra lengua.

La crítica de la razón sectaria

Immanuel Kant, a quien están a punto de cancelar en los Estados Unidos por haber defendido la superioridad de la civilización occidental sobre otras culturas, es autor de una conocidísima sentencia, que dejó escrita en las conclusiones de su *Crítica de la razón práctica*: «Dos cosas llenan mi ánimo de creciente admiración y respeto a medida que pienso y profundizo en ellas: el cielo estrellado sobre mí y la ley moral dentro de mí». Hay que leer el resto del fragmento en que aparece para apreciar como merece la belleza y la profundidad del pensamiento kantiano. Porque lo que hace el filósofo es situarnos frente a la paradójica grandeza del ser humano: apenas una ínfima partícula perdida en un vasto universo carente, en apariencia, de sentido, pero la única capaz de ser consciente de su existencia y, sobre todo, de tomar las riendas de su propio destino. Habrá también, con toda certeza, tantas interpretaciones de la sentencia de Kant como lectores tenga (no demasiados en la actualidad, por desgracia). He aquí la mía: alcanzar una comprensión científica de la realidad y usar luego dicho conocimiento para ayudar a los demás es un programa de vida mejor que cualquiera de los que nos ofrece la posmodernidad.

Hace cincuenta años la Universidad era un semillero de intelectuales (o estudiantes en trance de serlo) anhelantes por contribuir con su saber y su capacitación técnica al progreso económico y social del país. Hoy, los pocos que se animan a abandonar la cátedra o el matraz, en general por poco tiempo, se limitan a ser la caja de resonancia de partidos y líderes políticos que están muy por debajo de su propia valía intelectual y moral. Así, en algún momento de este último medio de siglo, el mundo académico pasó de ser el motor de una política entendida como servicio al ciudadano a convertirse en la correa de transmisión de otra forma de hacer política bien distinta: la que vela, sin rubor, por los intereses de los correligionarios y satisface, sin desmayo, el apetito de las redes clientelares. No debe de extrañarnos, por tanto, que en la actualidad las ideas políticas hayan quedado reducidas a meras consignas que apelan a nuestras emociones más básicas y a dogmas con los que se comulga con la misma irracionalidad con la que se aceptan los artículos de fe de las religiones o se defienden los colores de un equipo de fútbol. Y desde luego, que el debate de pareceres haya degenerado en mera disputa arrabalera entre los hunos y los hotros, por usar la conocida fórmula unamuniana. Como el resto de los estamentos de nuestra sociedad, también investigadores y profesores se han visto arrastrados por la marejada de la confrontación ideológica, que poco tiene que ver con la dialéctica de las ideas.

Andamos más que sobrados de propagandistas. Precisamos, en cambio, y con urgencia, de personas que usen sus conocimientos y sus habilidades para enjuiciar las actuales medidas cortoplacistas que toman nuestros dirigentes, las pensadas supuestamente para mejorar la marcha del país; pero sobre todo, que reclamen las que nunca toman, las largoplacistas, porque el planeta se encuentra en una situación crítica. Sin embargo, lo máximo a lo que se atreve hoy el mundo académico es a practicar ese sucedáneo del genuino compromiso político que se ha venido a llamar *transferencia del conocimiento* (a la sociedad, se entiende). Las librerías se han llenado de títulos como «¿Por qué deberías estudiar lingüística?», o «¡Pon un lingüista en tu vida!». Pero uno los abre y solo encuentra una explicación más o menos sencilla de los principios y las actividades propias de la disciplina, y eso sí, un florilegio de problemas a cuya solución podrían contribuir quienes la practican. Así, aprenderemos, por ejemplo, que si contratamos a un lingüista para el centro de atención al inmigrante, el servicio que daremos mejorará, porque conoce bien cómo funciona la comunicación humana en cualquier contexto. En fin, cosas todas interesantes y necesarias, sin duda, pero que siguen siendo insuficientes. Lo que urge, como decía, es que ese lingüista baje también a la arena donde se dirime el modelo de sociedad que tendremos en el futuro. Urge que cuando los políticos hablen, por poner el caso, del lenguaje inclusivo, defienda lo que su ciencia ya sabe: que puede valer como fórmula de cortesía, pero que si se trata de luchar por un mundo más igualitario, es mejor reformar leyes y aplicar sanciones, que obligar a la gente a desdoblar sintagmas. O que cuando los nacionalistas exijan un trato tributario especial por contar con una lengua propia, les recuerde que todos hablamos una variedad lingüística diferenciada y que un dialecto es tan complejo estructuralmente y versátil funcionalmente como eso que ellos llaman lengua.

La verdad existe, no es relativa. El bien existe, no es contingente. A la verdad se llega aplicando el método científico. El bien se hace cuando tratamos a los demás como queremos que nos traten. Y no hay más. A partir de ahí, lo único que cabe es esforzarse por encontrar la explicación más exacta del mundo y por elegir el comportamiento más íntegro. La posmodernidad nos ha traído el relativismo cultural y moral, y la sumisión del intelecto a las ideologías. Y el resultado ha sido que las estrellas brillan con menos fuerza sobre nuestras cabezas y se oye menos nítida en nuestro interior la voz que nos dice qué es lo correcto y qué merece nuestra reprobación. Como hijos de la Ilustración, como herederos de Kant, pedimos más razón práctica y menos razón sectaria.

Señora de gris sobre fondo rojo

Lo sé, he invertido (o más bien, subvertido) los colores del fondo y la figura del retrato de su mujer que sirvió a Delibes de título (y de inspiración) para la conocida novela en la que le rinde un sentido tributo una vez fallecida. ¿La intención? Adelantar el argumento principal de este ensayo, que no es otro que una vindicación del color gris, de la perentoria necesidad de traerlo a un primer plano en todas las facetas de nuestra vida y de relegar, de paso, a uno mucho más secundario los estridentes colores de los arcoíris que hoy nos deslumbran a cada paso. ¿Por qué el gris? Después de todo, está lleno de connotaciones que no llegan a ser ni negativas; simplemente evoca en nosotros inanidad, tibieza, medianía, irresolución: fue una persona gris, es un asunto gris, será una jornada gris. En los experimentos psicolingüísticos que hacemos en nuestro laboratorio, destinados a esclarecer qué emociones vinculamos a los diferentes términos de color, los hablantes de español tienden a asociar el gris a la decepción, la tristeza o el arrepentimiento (por este orden). Nada que ver, por tanto, con los intensos sentimientos que despiertan sus extremos: alivio, alegría o placer, el blanco; miedo, desprecio o culpa, el negro. Y pasa algo parecido en todas las lenguas. En esos experimentos, y a pesar de las significativas diferencias culturales que nos separan de ellos, los hablantes de mandarín suelen relacionar el gris con las mismas emociones que nosotros. Quizás lo que no nos atrae del gris sea justo eso, que consista en un color a medio camino de cualquier otro, o más bien, una mezcla de todos ellos. Y en los actuales tiempos de polarización preferimos ser monocromáticos: rojos o negros (si todavía nos preocupa la relación Iglesia-Estado), blancos o rojos (si aún creemos en la revolución mundial), rojos o azules (si seguimos rumiando los traumas patrios). Hoy se antoja obligado decantarse (a ser posible, sin un atisbo de duda) por una de las dos respuestas antitéticas que parece tener cualquier cuestión, porque de no hacerlo, corre uno el riesgo de ser tildado de indeciso, contemporizador y hasta cobarde, lo que es mucho peor que ser tachado de enemigo. Y el gris es, ante todo, un color dialéctico, el resultado del compromiso entre opuestos de muchos signos que se reconcilian para crear algo diferente.

Todos decimos tener claro que el diálogo (y más concretamente, la conversación cara a cara) es la forma más eficaz (y más natural en los seres humanos) de resolver nuestras diferencias y, sobre todo, de avanzar en nuestra comprensión del mundo. Los griegos llegaron a explicar racionalmente la realidad debatiendo sus principios rectores en banquetes o mientras paseaban por el ágora. Durante siglos, maestros y alumnos se han reunido en las aulas para discutir de viva voz sobre el porqué de las cosas y en último término, para pasarse unos a otros el testigo del saber. Aprendemos poco y mal si no lo hacemos en un entorno social. Y, sin embargo, cuantos más conocimientos hemos acumulado y cuanto más se ha universalizado ese conocimiento, gracias a la escolarización, a los medios de comunicación de masas o al libre acceso a bibliotecas, repositorios y bases de datos, tanto más polarizada se ha vuelto la sociedad, tanto más la pintura que hacemos de la realidad se ha convertido en una pugna de blancos y negros, como en un cuadro de Pollock. Pero la paradoja no es tal: lo único que sucede es que, en lugar de usar esos conocimientos para construir colectivamente un relato más exacto de cuanto nos rodea (y en último término, un mundo mejor y más justo), los empleamos para reforzar nuestra posición frente a los demás. Así, todo intento de diálogo se ha convertido hoy en una suerte de feroz confrontación verbal destinada a defender nuestros intereses y ganar estatus dentro de la sociedad. En realidad, llevamos milenios haciendo justo eso: usar las palabras para sobrevivir en la jungla social, lo cual representa, después de todo, un avance con respecto a épocas anteriores, en las que todo se resolvía a golpes. Ya dijo

Freud hace un siglo que el primer hombre que, en lugar de arrojar una piedra, lanzó un insulto, fue el genuino creador de la civilización. Ahora bien, no podemos seguir confundiendo la pugna verbal con el genuino diálogo.

El problema es que la polarización viene de más antiguo. Nos viene impuesta por nuestro propio cerebro, que tiende a clasificar cualquier aspecto de la realidad en términos dicotómicos (útil o inútil, comestible o venenoso, amigable u hostil, atractivo o desagradable). Es un sistema de toma de decisiones bastante burdo (se le escapan los matices) y sesgado (se basa en impresiones básicas y comportamientos aprendidos, que son muy limitados), pero también es rápido (las decisiones se toman en menos de un segundo) y, por tanto, bastante eficiente y adaptativo (que no nos lleve varias horas decidir si un oso que se acerca representa un peligro explica, a buen seguro, que sigamos vivos como especie). No obstante, como saben bien los neurocientíficos (lean a Kahneman o a Sigman), contamos también con otro sistema de toma de decisiones más sofisticado, que trabaja de modo consciente, contrastando un gran número de datos, durante más tiempo y de una manera pormenorizada. Sin duda, las grandes ideas y los proyectos innovadores son fruto de este sistema: novelas, cuadros, catedrales, teorías científicas… Claro que también está sujeto a sesgos: después de todo, podemos razonar de forma muy sutil para confirmar nuestros propios prejuicios, justificar nuestros deseos más irracionales o reafirmarnos en nuestras creencias más delirantes (¿no imparten, acaso, sesudas conferencias quienes creen que los extraterrestres han visitado ya la Tierra?). Ambos sistemas cumplen funciones importantes (y complementarias): el primero nos permite desenvolvernos con bastante eficiencia en el día a día, automatizando las actividades rutinarias; el segundo nos posibilita resolver problemas nuevos sobre la base de lo ya aprendido. Pero como ambos pueden conducir a un solipsismo equivocado, es imprescindible salir de nosotros mismos y conocer formas diferentes de ver la realidad para poder llegar a un conocimiento cabal del mundo…. de ahí la importancia de conversar con los demás. Pero en la actualidad, solo se oye, en todas las esferas de la vida, un coro de monólogos, proferidos cada vez con más fuerza y destemplanza. El poeta polaco Józef Baran lo expresó con gran tino en uno de sus poemas, cuando afirma que hoy en día «cada cual pugna/por gritar más alto que el resto/en todas las lenguas posibles/desde todas las torres de babel» y al aventurar que acaso llegue un momento en que «hayamos logrado vaciar/el mar de las palabras/y sobre el mismo fondo/sobre el indescifrado enigma del mundo/enarbolemos/la blanca bandera del silencio».

Es precisamente para no llegar a esa triste rendición por lo que necesitamos más grises en nuestras vidas. Más grises en nuestras argumentaciones, para que tengan cabida todos los matices de todas las cuestiones que debatamos; y, sobre todo, contertulios más grises en nuestros debates, que sepan, no ya conciliar las posturas antitéticas del resto, sino alcanzar la necesaria síntesis entre tales posiciones, en definitiva, llegar a soluciones racionales a partir de las respuestas irracionales de blancos y negros. Porque ser gris no consiste en transigir, en darle la razón en todo a todos, sino, especialmente, en hacerles ver a todos que están equivocados en parte, y que han de aceptar aquello en lo que tiene razón el otro y renunciar a aquello en lo que cada cual no la tiene. En la novela *Momo*, de Michael Ende, los hombres grises se alimentan del tiempo libre de los demás, a quienes convencen, para ello, de renunciar al ocio y a los pequeños placeres de la existencia, para vivir, en cambio, vidas de prisas crecientes, dedicadas solo a tareas productivas. Los hombres grises de hoy (de verdad, lean a Sigman) han de vivir regalando tiempo libre a los demás, que es lo único que nos permite reflexionar con calma sobre las cosas y escapar a la tiranía de las respuestas inmediatas, y llegar así a atisbar la genuina naturaleza del mundo. Porque, como dice también Józef Baran, «la vida da vueltas como loca/abre por un momento los ojos/en esto puede consistir/tu única eternidad/y puede que la dejes marchar sin darte cuenta».

La inteligencia artificial y la estupidez natural

Asumamos (ingenuamente) que la gobernanza del país depende realmente de las decisiones de las personas que lo dirigen (y no de entelequias como el mercado o la geopolítica mundial, aunque estas también resulten, a la postre, de miles de elecciones individuales). ¿De verdad que tales decisiones se toman de un modo racional, evaluando objetiva y desapasionadamente los pros y los contras de las posibles respuestas que cabe dar a cada problema y eligiendo siempre la solución más eficiente? No lo parece. ¿Sanidad? ¿Educación? ¿Medioambiente? Todo se nos presenta aquejado de deficiencias: las operaciones se posponen, las competencias de los alumnos menguan, animales y plantas desaparecen... No es solo por falta de inversión, es también por una mala gestión de los recursos disponibles (¿por qué no abren los quirófanos por las tardes?; ¿y si probamos a ser más exigentes en clase?; ¿qué tal si dejamos de construir segundas residencias por todas partes?). No olvidemos tampoco el factor humano, porque para gestionar bien los recursos materiales es imprescindible gestionar aún mejor los humanos, algo que casi siempre pasa por convencer (u obligar) a la gente a hacer cosas que preferiría no hacer (¿acaso no es mejor trabajar por las mañanas, aprobar sin estudiar o no tener que volver a casa tras un día de playa?). Ahora bien, lo que acaba de arruinarlo todo es la falta de planificación. Pero planificar es, en esencia, un ejercicio de raciocinio trufado de altruismo. Y esto último es lo que explica que no abunde: porque si gestionamos, es siempre en beneficio propio, pero cuando planificamos, el beneficio será para quienes ocuparán nuestro lugar cuando ya no estemos.

Un ejemplo: cada vez cuesta más obtener cita con el médico de familia. Hay más personas mayores y más inmigrantes, no se gradúan demasiados médicos y casi todos optan, además, por otras especialidades, si es que no se marchan a otros países, donde cobran mejores sueldos. ¿Y cómo estamos gestionando el problema? Construyendo algunos centros de salud y contratando unos cientos de médicos extranjeros. ¿Y eso es todo? Claro, ahora es un poco más fácil conseguir cita con un médico. Pero, salvo excepciones, tendrá peor formación que los que salen de nuestras universidades. Y, además, nos cuesta el doble: pagamos su sueldo, pero también hemos pagado la formación del que podría haber ocupado su puesto y se ha ido al extranjero. ¿Nadie ha podido prever este estado de cosas y, sobre todo, planificar una respuesta cabal a este importante problema que viene de lejos? Para ello bastaría con haber tenido presente el envejecimiento de nuestra sociedad (un fenómeno que no es de hoy) y determinado qué población activa vamos a tener en las próximas décadas (algo fácil de calcular), para decidir entonces cuántos trabajadores extranjeros precisaremos para que nuestra economía funcione de modo eficiente (nada que un buen experto no pueda decirnos). Ya solo restaría estimar cuántos médicos de familia harán falta para atender a esta población con más ancianos e inmigrantes, y ofertar las necesarias plazas en las facultades de Medicina. Y por cierto, ya de paso, no estaría de más que los nuevos médicos se comprometiesen a trabajar para la Sanidad pública durante un cierto número de años (no solo por solidaridad con el esfuerzo de quienes les han pagado su formación, que somos todos, sino para que ganen aún más experiencia), y desde luego, que la atención sanitaria fuese la misma en todo el territorio nacional (porque, al menos de momento, sigue vigente el artículo 14 de la Constitución, según el cual «los españoles son iguales ante la ley, sin que pueda prevalecer discriminación alguna por razón de nacimiento»).

¿Más ejemplos? El sector primario: exportamos productos de calidad, cultivados con los pocos recursos hídricos de los que disponemos y respetando exigentes normas sanitarias, medioambientales y laborales, para luego consumir los generados en países que maltratan sus ecosistemas e incumplen todas esas normativas. O qué decir del sector secundario: hemos desmantelado nuestra industria para dedicarnos a atender al turismo, reconvirtiendo una mano de obra muy cualificada en personal de servicios, y ahora dependemos de lo que se produce en otros países, que no siempre es mejor ni más barato. Y suma y sigue...

En un momento en que la inteligencia artificial se está volviendo una realidad, un miedo inconfesado ante la magnitud de lo que es capaz de hacer (y sobre todo, de lo que aventuramos que podrá realizar en el futuro) explica que busquemos con ridículo desespero aquello que las máquinas hacen todavía peor que nosotros. Y parece que no nos damos cuenta de que se trata , justamente, de todo lo que el ser humano tiene de irracional, emocional, instintivo... en general, del tipo de cosas que suele empeorar cualquier gestión y malograr cualquier intento de planificación. No estoy sugiriendo que deban gobernarnos los ordenadores (aunque, a buen seguro, lo harían mejor que la mayoría de nuestros políticos). Lo que sí digo es a lo mejor ha llegado la hora de que a la par que aumenta la inteligencia artificial, empecemos a poner coto a la estupidez natural.

Pascal en el siglo XXI

En una conocida disputa acerca de la posible existencia de Dios (que podemos imaginar enconada, dado el contexto histórico), el filósofo francés Blaise Pascal sugirió recurrir a la lógica para resolver este dilema. En esencia, su razonamiento fue el siguiente: si Dios existe, creer en Él nos procurará el beneficio de la vida eterna; pero si no existe, no ganaremos ni perderemos nada por haber pensado que existe. En cambio, si optamos por negar Su existencia y al final resulta que sí hay un Dios, acabaremos ardiendo en las llamas del infierno por incrédulos. En consecuencia, el consejo de Pascal fue que lo mejor es vivir como si Dios existiera. Este puro y frío ejercicio de lógica fue luego humanizado por pensadores de toda condición, en general, para vindicar las virtudes de la ética cristiana frente a otras formas de regular la vida en sociedad. Es, de hecho, la idea central de uno de los libros del Papa Benedicto XVI, cuyo título es, precisamente, «Vivir como si Dios existiera», escrito también para los no creyentes.

Los avances científicos han cambiado radicalmente nuestras sociedades, en general para bien. Sin embargo, cuando la ciencia se ha maridado con modelos económicos como los que imperan en Occidente (y ahora también en lugares como China), el resultado han sido políticas de crecimiento ilimitado y en último término, filosofías de vida que han encontrado en la propiedad, la competitividad y la ganancia de poder y estatus la medida del éxito individual. Como cabría esperar, estas políticas y estas filosofías que defienden un consumo (y un hedonismo) sin límites han dado lugar a todo tipo de desequilibrios sociales (por ejemplo, las ciudades se han vuelto inhabitables y los ciudadanos, cada vez más individualistas) y en último término, personales (vivimos sometidos a la dictadura del trabajo sin límites, la multitarea sistémica y la sobreestimulación constante). Está por ver que la ciencia futura sea capaz de revertir esta desproporción creciente entre la finitud de los recursos disponibles y nuestra infinita voracidad a la hora de consumirlos, y, sobre todo, de corregir los desajustes sociales y psicológicos que esta forma de vida está causando.

Un ejemplo que ilustra a la perfección todo lo anterior es ChatGPT. Se trata de una red neuronal artificial con la que se puede interactuar mediante el lenguaje humano (de momento, únicamente en su modalidad escrita) y que es capaz no solo de proporcionarnos todo tipo de información en toda clase de formatos (escrito, visual, sonoro), sino que aprende de las sucesivas interacciones con los usuarios, con lo que dicha información se vuelve cada vez más detallada y fiable. Es más, sus capacidades generativas y de aprendizaje le permiten crear material original (narraciones, canciones o cuadros, por poner el caso). Mucha gente discute si nos encontramos ante una inteligencia semejante a la humana o si, por el contrario, nuestra mente alberga capacidades que son (al menos todavía) inaccesibles a ChatGPT (aunque sea obvio que nos supera en muchas otras cosas). Es un debate interesante, porque, por ejemplo, plantea la posibilidad de que pueda llegarse al mismo resultado (una inteligencia creativa) siguiendo caminos diferentes (la evolución biológica o la autoevolución del silicio). Aunque seguimos aferrados a la idea, infantil y muy antropocéntrica, de que hay algo idiosincrásico en nuestra forma de pensar, es bien posible que cuando dotemos a ChatGPT de sensores que le permitan interactuar con el entorno, y acaso, de un cuerpo biomecánico, no haya manera de distinguirlo de un ser humano.

Una herramienta así tiene indudables ventajas. Por ejemplo, es capaz de resumir ingentes cantidades de información de forma casi instantánea (algo muy útil si se quiere proporcionar a los alumnos una visión actualizada de cualquier cuestión académica) o contrastar rápidamente abundantes datos de distinta naturaleza (lo que podría ayudar a mejorar los diagnósticos médicos). Pero también tiene sus costes y sus servidumbres. Cada día, millones de personas demandan a ChatGPT tareas de toda índole, las cuales entrañan cálculos enormemente complejos y en último término, un gasto energético exorbitante. Añadamos a lo anterior su impacto sobre nosotros, los seres humanos. Toda tecnología lo tiene. El coche nos ha permitido movernos a más distancia, con mayor rapidez y de forma más cómoda. A cambio, nos ha vuelto obesos. El móvil ha hecho universal el acceso a la información y nos ha facilitado resolver a distancia todo tipo de problemas. El precio ha sido la disminución de nuestra capacidad de concentración y el empobrecimiento del lenguaje y de las relaciones sociales. ¿Qué pasará cuando ChatGPT componga mejores sinfonías que nosotros, escriba novelas más interesantes, haga películas más conmovedoras o pinte cuadros más bellos? No es una posibilidad: es algo que va a suceder. Lo que ocurrirá es que, como ha pasado en otros ámbitos, dejaremos de ser creadores de arte, literatura o incluso ciencia, y nos convertiremos en meros consumidores. ¿Acaso no compramos ya hecha la comida, en lugar de producir nosotros mismos los ingredientes y cocinarlos con nuestras propias manos? Será muy cómodo, sin duda. Pero equivaldrá a lo que ha sucedido cuando hemos dejado de caminar por coger el automóvil a todas horas: nuestros músculos se han atrofiado y sin un vehículo no somos nada. Hay quien pretende luchar contra esto prohibiendo por ley ciertos usos de estas nuevas herramientas. Igual es posible. Pero quizás sea más efectivo volver a leer a Pascal y además de vivir como si Dios existiera, tratar de vivir como si ChatGPT no existiese.

El pin cibernético

Se ha publicado hace poco un trabajo que sugiere que es inevitable que las inteligencias artificiales (IAs) desarrollen conciencia. El trabajo es, en lo fundamental, un modelo matemático, pero concluye que las IAs acabarán adquiriendo con el tiempo todas las capacidades que hacen posible la conciencia humana (las cuales, por cierto, hemos encontrado ya en otras especies animales, si bien de un modo mucho más rudimentario). Tener conciencia es alcanzar el nivel del sujeto cartesiano: pienso, luego existo. Lo cual no significa ser humano, claro está. Paradójicamente, somos algo más que criaturas capaces de razonar y de preguntarnos por el lugar que ocupamos en el universo a partir de datos almacenados en nuestra cabeza. Podemos también reflexionar sobre nuestra interacción con el mundo: pensar sobre el bienestar que procura el sol de la primavera temprana sobre nuestra piel o el placer que nos embarga al morder un trozo de sandía fresca en pleno verano. Para llegar a algo así, habría que dotar a las IAs de sensores y mecanismos que las pusieran en conexión constante con su entorno y ello, a múltiples niveles: auditivo, visual, táctil… lo cual no es tampoco imposible de conseguir. Pero más paradójico aún, ser humano es también dejarse llevar por todo tipo de pulsiones, pasiones y arrebatos, tanto positivos (arrojarse sin pensarlo al mar para rescatar a un desconocido que se ahoga) como negativos (beber una cerveza tras otra en una fiesta aun sabiendo que al día siguiente tendremos resaca). Ciertamente, hasta estos comportamientos aparentemente irracionales tienen una base biológica y un sentido evolutivo. Así, cuando nuestro altruismo nos lleva a salvar heroicamente a ese desconocido de un ahogamiento casi seguro, estamos suscribiendo, en realidad, una póliza de vida, porque esperamos que alguien nos trate del mismo modo en el futuro si nos encontramos en una situación igual de comprometida. De la misma manera, beber alcohol (incluso en exceso) ayuda a reducir las tensiones inherentes a la vida en sociedad, que puede volverse así más más llevadera que si estuviésemos rodeados constantemente por abstemios inflexibles. Quién sabe, a lo mejor es posible programar a las IAs para que adopten también estos comportamientos menos lógicos, hasta lograr máquinas capaces de llegar a conclusiones tan humanas como «amo, luego existo» o «soy feliz, luego existo». Pero eso sería un error. Para comportarse de forma irracional ya están los propios seres humanos. En cambio, andamos bien escasos de mentes que tomen decisiones racionales sobre innumerables asuntos vitales para la buena marcha de nuestras sociedades.

Y es que vivimos presos de las mayores contradicciones (a su vez, fruto de la irracionalidad con la que abordamos los problemas) y lo cierto es que no estamos ya en condiciones de poder permitírnoslo. Pongamos un ejemplo de plena actualidad: el modelo de financiación territorial que más conviene a nuestro país. Mientras contamos con un Ministerio de Igualdad que defiende que hombres y mujeres han de cobrar lo mismo por hacer el mismo trabajo, el Gobierno defiende que haya regiones de España más ricas que otras y ciudadanos que reciban mejores prestaciones públicas que otros. Uno pregunta qué motiva la decisión de otorgar a Cataluña un concierto económico (en esencia, permitirle que se quede con todo el dinero que recaude) y oye respuestas de todo tipo. Dejando al margen las que son falacias manifiestas (como que beneficia a todo el país), siempre acabamos topándonos con el consabido mantra de que esto de los nacionalismos periféricos es un problema complejo de difícil solución (el corolario es, claro está, que nos toca aceptar sin protestar cualquier solución que se le ocurra al respecto al gobierno de turno, por peregrina que resulte). No faltará tampoco el manido recurso al «hecho diferencial»: que si la lengua vernácula, que si la cultura local, que si la identidad nacional, que si la historia propia... como si los demás fuésemos mudos, salvajes, gentes sin arraigo o sujetos sin pasado. En todas partes de España se habla alguna lengua, se cuenta con tradiciones culturales ancestrales, se siente lo propio como parte importante de lo que uno es y existen vestigios de una historia milenaria; y defender que nada de esto alcanza el valor suficiente como para ser dignos de gestionar nuestros propios impuestos, si es lo que toca ahora, es puro prejuicio (cuando no, xenofobia de la peor especie). En fin, si dejamos a un lado los malabarismos legales, los argumentos económicos interesados, los datos pseudohistóricos y los relatos sentimentales, es bien sencillo saber si la decisión de conceder dicho concierto económico es justa: basta preguntarles a los catalanes si, en caso de que Andalucía (o Extremadura, o Castilla-La Mancha) fuese más rica que Cataluña y recaudase más dinero que el que devuelve a la Hacienda común, estarían dispuestos a que el Gobierno de España otorgase a los andaluces un concierto económico propio y que Cataluña siguiese dentro del régimen general, recibiendo ahora menos prestaciones y viendo reducida la calidad de vida de los catalanes. Obviamente, la respuesta sería que no.

Es justo y es bueno que los ricos contribuyan al bienestar de los pobres. Llevamos décadas (o siglos) discutiendo sobre el supuesto problema de la organización territorial de España, cuando detrás no hay sino un muy evidente problema de insolidaridad territorial. Ante esto, solo cabe responder apostando por la igualdad contributiva (y jurídica) de todos los españoles. Y si no se hace, es por dos razones: por el narcisismo del gobernante que quiere seguir gobernando a cualquier precio, incluso al de la más flagrante de las injusticias; y por el egoísmo de los beneficiados por tal injusticia, que no tienen reparos morales en verse aún más beneficiados con respecto a sus conciudadanos. En ambos casos, se trata de una forma irracional de gobernar y gobernarse, que, en lugar de atender al bien común, solo busca satisfacer los apetitos más básicos: poseer más, trabajar menos (o no trabajar en absoluto), vivir mejor... en fin, lo que ha guiado el comportamiento humano desde los albores de nuestra especie.

Si queremos una sociedad más justa y, sobre todo, una sociedad que sobreviva a los graves problemas que aquejan al planeta, no podemos permitirnos más decisiones irracionales de este tipo. Necesitamos soluciones óptimas a los retos que hemos de afrontar, teniendo siempre además como objetivo último el bien común. Si nuestros políticos (y nosotros mismos como ciudadanos) no están dispuestos a transitar por esta senda de la racionalidad y el altruismo, a lo mejor, igual que existe el pin parental para que los niños no puedan acceder a los programas de televisión o a las páginas de internet que, a juicio de sus padres, tienen un contenido que puede ser perjudicial para su desarrollo, lo que necesitamos es un pin cibernético, que permita bloquear cualquier decisión política que vaya en contra del principio del bien general. Siempre quedarán muchas cuestiones sobre las que una IA racional no necesitará pronunciarse y que pueden dejarse a los humanos para decidan al respecto, por ejemplo, si echarle o no cebolla a la tortilla de patatas. Nos iría mucho mejor si Gobierno y Generalidad, en lugar de pactar conciertos económicos insolidarios, se sentasen a negociar sobre los ingredientes que va a llevar en el futuro la tortilla de patatas en Cataluña.

La lengua de los Down

La lengua de los Down se extingue. Por desgracia, no es la única. De las 7000 lenguas que se hablan en la actualidad, casi la mitad está amenazada y un tercio podría desaparecer antes de que acabe nuestro siglo. Como los seres vivos, las lenguas nacen, crecen ocupando determinados territorios, dejan descendencia las más de las veces y mueren. No obstante, las lenguas se extinguen de una sola forma. En el pasado, muchas desaparecieron al perecer sus hablantes. La lengua nativa de Tasmania, por ejemplo, ya no se habla porque muchos tasmanos fueron exterminados como alimañas por los colonizadores ingleses y el resto murió de las enfermedades que portaban los europeos, para las que no contaban con inmunidad alguna. Hoy las lenguas se extinguen por otras causas, en general, porque dejan de hablarse de un modo más o menos voluntario. Buscando una vida mejor, la gente se desplaza a otros lugares (donde se usan lenguas diferentes) o intenta procurarse una mejor educación (y en la escuela es poco probable que se emplee su lengua nativa). En la costa pacífica de Canadá, solo los ancianos hablan ya el nuu-chah-nulth o el tsimshian, con lo que su muerte será también la de dichas lenguas. Si esto ha sucedido siempre, ¿a qué viene la preocupación actual por preservar la diversidad lingüística? Dejando al margen las razones más o menos espurias (casi siempre de naturaleza excluyente, cuando no xenófoba, ligadas al papel de las lenguas como señal identitaria, como algo que nos separa del otro), se me ocurren, al menos, dos razones para ello, las cuales no son tan diferentes de las que nos llevan a tratar de frenar la extinción masiva de animales y plantas (otro fenómeno característico de nuestro tiempo). Por un lado, el deseo de conocernos mejor. Las lenguas almacenan todo aquello que es importante para una cultura, generalmente en forma de palabras (por eso en español existe *siesta* mientras que el italiano cuenta con un término como *abbiocco*, que denota el sopor que nos invade tras una comida abundante y que solo desaparece tras echarnos una buena… siesta), pero también en sus gramáticas (en lituano *luna* es un sustantivo de género masculino [*mėnulis*], porque en la mitología báltica la Luna era un dios). Por tanto, estudiar una lengua no es solo entender cómo se forman sus oraciones, sino es también comprender algo de la sociedad que la habla. Para los lingüistas, analizar la diversidad lingüística es, asimismo, una forma de llegar a saber cómo está hecho el lenguaje humano, cómo se adquiere, cómo ha evolucionado hasta ser el rasgo distintivo de nuestra especie… en definitiva, comprender qué es ser humano. Pero la pérdida de diversidad lingüística es también importante por otra razón: al igual que la desaparición de animales y plantas indica que el entorno físico se ha vuelto menos amable para la vida, incluyendo, claro, la del propio hombre (por estar contaminado o sobreexplotado), la extinción de las lenguas es una señal de que nuestro entorno cultural se ha hecho menos tolerante a la diversidad humana (habitualmente, por estar dominado por unas pocas culturas, como la anglosajona o la china).

En el caso de los Down, su lengua se está extinguiendo porque los propios Down están desapareciendo. Sí, me refiero a las personas con síndrome de Down: un pueblo que antaño habitaba todo el planeta, pero cuyo número no deja de decrecer. No son realmente parte de la diversidad cultural de nuestra especie, sino de su neurodiversidad: formas diferentes de desarrollarse nuestro cerebro, en su caso, por tener una anomalía genética. A pesar de ello, son capaces de aprender nuestras lenguas y de usarlas eficazmente para pensar, comunicarse y vivir en sociedad. Por eso, en puridad, no hablan una lengua propia, sino una variedad distinta de nuestras lenguas, pero en modo alguno diferente de otras muchas variedades: geográficas, sociales, estilísticas… Tiene sus rasgos distintivos, incluyendo una manera peculiar de pronunciar las palabras y de usarlas para construir oraciones. Y de hecho, interesa a los lingüistas como cualquier otra variedad… o quizás más, porque ilustra como ninguna otra ese instinto natural de nuestra especie de aprender y usar lenguas, tan tenaz como el de la planta que se abre paso entre el asfalto o el adoquinado buscando la luz del sol.

Gastamos muchos recursos en evitar que las lenguas desaparezcan. Diseñamos costosos programas de inmersión para que los niños sigan hablando la lengua de sus mayores. Enviamos a lingüistas y antropólogos a lugares remotos para registrar lenguas desconocidas. Organizamos congresos y simposios para poner en común el resultado de nuestras investigaciones. Firmamos manifiestos en los que proclamamos la dignidad de todas las lenguas. Hemos instituido un Día Internacional de las Lenguas (el 21 de febrero) y hasta un Día Europeo de las Lenguas (el 26 de septiembre). Pensamos, en definitiva, que hay que preservar todas las lenguas, hasta las habladas por sociedades tan poco desarrolladas que no conocen la rueda o la aritmética. La palabra *diversidad* atruena a todas horas, gritada desde los atriles de políticos, profesores o líderes comunitarios; desde radios, televisiones y periódicos; desde ministerios, organismos internacionales y colectivos de todas clases. Y sin embargo, los Down y su lengua se extinguen en silencio. Y con ellos, su forma diferente de ver la realidad, su manera idiosincrásica de relacionarse con su entorno, su mente organizada de un modo distinto… y sí, también su forma especial de contarnos qué han vivido y qué han sentido mientras estaban en este mundo. Todo eso está desapareciendo también. Y no, no han emigrado a parte alguna, ni han cambiado su lengua por ninguna otra. Desaparecen como lo hicieron los tasmanos. Me pregunto qué ocurrirá el día en que podamos saber si lo que nacerá será un niño autista, bipolar, depresivo, inquieto o simplemente, diferente a lo que la sociedad considere oportuno en ese momento…

Parte IV. Cómo nos educamos

¿Hasta cuándo pervivirán los antiguos nombres?

En uno de sus poemas, cuyo título es también el de este ensayo, la poetisa polaca Julia Hartwig escribe: «Aún queda alguien que guarda ese saber cada vez más incierto / quién es Tobías y qué el juramento de los Graco / Holofernes Judith Betsabé Jezabel / Saúl David el rey Salomón Santa Ana con la Virgen y el Niño / Pero dime hasta cuándo pervivirán los antiguos nombres / cuánto tiempo perdurará aunque sea su rumor / Cuándo serán objeto de burla cuándo habrán muerto para siempre / por antojársenos ya el arte y la historia / un peso insoportable».

Probablemente hemos llegado ya a ese momento en el que grandes parcelas de lo que antaño conformaba el saber cultural básico de nuestra sociedad están camino del olvido… y no por ser un peso insoportable, sino por mera inutilidad. Pensemos, precisamente, en la Historia Sagrada, plasmada durante siglos en soportes de lo más diversos (música, literatura o arte figurativo), conmemorada en múltiples festividades y reflejada en proverbios y refranes de todo tipo que la gente ha usado secularmente para dar forma a sus ideas y sentimientos. Se trataba de una memoria viva de algo que, conforme la sociedad se ha vuelto más laica, ha dejado de tener relevancia y, por consiguiente, hemos renunciado a transmitir a nuestros hijos. Hoy, hasta los alumnos universitarios tienen grandes dificultades para distinguir la Asunción de la Ascensión, referir lo que pasó en Babel… o , ciertamente, entender ese famoso cuadro de Leonardo en el que Jesús juega con un cordero bajo la atenta mirada de dos mujeres.

Lo anterior ha sucedido siempre, claro está. Poco sabemos de los ritos a los que se entregaban nuestros antepasados durante el dominio romano y nos importa bastante poco la cosmogonía de los godos que, siglos más tarde, habrían de gobernarlos. En la actualidad, es la tradición judeocristiana la que está dejando paso, en nuestro imaginario y en nuestras conversaciones, a las series coreanas o a las canciones de Taylor Swift. Uno puede adoptar un tono luctuoso y quejarse amargamente de la desaparición de tales referentes culturales, o bien, optar por el pragmatismo y aceptar los nuevos que han venido a reemplazarlos, cuya función es, al fin y al cabo, parecida. En todo caso, no deberíamos ignorar dos consecuencias de este proceso. En primer lugar, y posiblemente de un modo más acentuado que en otras épocas, existe una desconexión cultural notoria entre las generaciones que conviven en nuestro país, hasta el punto de parecer sociedades diferentes, con referentes artísticos, ideológicos y hasta éticos radicalmente distintos. Un ejemplo: mientras que a mis cincuenta años sigo leyendo con rendida admiración el libro que el Nobel Czesław Miłosz dedicó a los intelectuales de la Polonia Popular, son contados aquellos de mis alumnos que conocen algo de la efervescente vida académica y cultural que floreció, a pesar del comunismo, al otro lado del Telón de Acero (cuya caída supuso, por cierto, una epifanía para mi generación, mientras que para la suya es solo una fecha más en los libros de historia). Ante este estado de cosas, me pregunto, con total sinceridad, cómo consiguen mis colegas de Literatura Española que los alumnos que tienen en clase se interesen por cosas aún más ajenas a sus propias vivencias y preocupaciones, como las églogas de Garcilaso (cuando dudo que la mayoría haya visto siquiera una oveja de cerca) o las sutilezas teológicas de una obra de Calderón (habida cuenta de que la última vez que pisaron un templo fue, a buen seguro, cuando hicieron su Primera Comunión). Así, dar clase de cualquier materia humanística ha dejado de ser un emotivo viaje de (re)descubrimiento de la identidad propia para convertirse en un frío ejercicio de disección del modo de ser y de vivir de unos extraños.

En segundo lugar, cuando la memoria de lo que fue una sociedad se erosiona de una forma tan radical, cabe preguntarse qué es lo que la mantiene unida y, sobre todo, qué la animará a seguir estándolo en el futuro. Porque toda sociedad necesita, para funcionar, de un sentimiento de identidad colectiva, que sublime emocionalmente el esfuerzo más o menos racional por construir un proyecto de vida comunitario. Ahora que no comemos lo que nuestros padres, ni cantamos sus canciones, ni creemos en lo que ellos creían, ni reconocemos, en general, el paisaje cultural que nos legaron, ¿en qué se basará tal identidad colectiva? Alguien dirá que puede bastar con cosas tan poco epatantes como un plan de desarrollo económico a veinte años o la relación de derechos y deberes recogidos en la Constitución. Quizás nos iría mejor en ese caso, pero lo cierto es que el ser humano no está hecho para vincularse a los demás mediante abstracciones. A lo largo de nuestra historia, lo que nos ha unido a otras personas ha sido el parentesco biológico, la memoria de un pasado compartido y ciertos hábitos comunes, como una misma forma de vestir, comer o hablar.

Es urgente llegar a algún tipo de acuerdo con nuestro pasado. En un mundo en el que la modernidad ha traído indudables beneficios, la idea de aferrarse a una edad de oro pretérita (que nunca fue tal) carece de sentido. Pero al mismo tiempo, ignorar que bajo la fina pátina de la modernidad seguimos igual de necesitados que nuestros ancestros de establecer vínculos emotivos con el entorno físico y cultural que ellos nos han legado cedido es arriesgarse a construir una sociedad de sujetos desnortados que serán, sin duda, presa fácil de la manipulación y la tiranía. Porque como escribió Burke, «el pueblo incapaz de volver la vista a sus antepasados también lo es de mirar a su futuro».

Contra los clásicos… un poco, al menos

Que nadie se asuste o se escandalice (demasiado): no estoy sugiriendo un Fahrenheit 451 contra las obras de Esquilo o Cicerón, cerrar las facultades donde aún se enseña griego o latín, o ignorar (*cancelar* lo llaman ahora) la filosofía platónica o aristotélica. Pero sí, quizás, repensar el peso y el papel que esta herencia clásica debería tener en nuestras actuales discusiones acerca de lo que somos, y, sobre todo, de la sociedad que queremos tener en el futuro; y claro está, acerca del modo en que habremos de educar a quienes nos reemplazarán y habrán de construir dicha sociedad. No solo la vida corriente está llena de lugares comunes: también lo está la académica y en general, el mundo de las ideas. Y una de esas ideas, repetida como un mantra, es que le debemos casi todo lo que somos a Grecia y a Roma. En realidad, ese *casi* no es tan pequeño; es un *casi* muy vasto, en el que caben multitud de cosas, que hemos ido aprendiendo, ideando o construyendo después de que Odoacro sentase sus reales en la Ciudad Eterna. Y, en fin, si a lo que nos estamos refiriendo realmente es, parafraseando a Newton, a que nuestro éxito civilizatorio hubiera sido imposible de no habernos aupado a los hombros de tales gigantes, entonces cualquier civilización es deudora de aquel antepasado peludo que usó por vez primera un fémur como martillo, mientras sonaba, con la solemnidad que exigía aquel hallazgo genial, el primer movimiento del *Zaratustra* de Strauss. O por decirlo en términos más modernos: si hemos llegado adonde nos encontramos actualmente, ha sido merced a la transmisión cultural del conocimiento, que es, a buen seguro, la única capacidad que nos diferencia del resto de los animales.

Ahora bien, más allá de esta secular reverencia por su legado y de un puñado de aforismos que hoy son carne de memes o trufan los libros de autoayuda, ¿qué sigue siendo útil realmente de lo que produjeron y pensaron los clásicos? En lo que se refiere a la ciencia y a la tecnología, bien poco: por muy notables que fueran sus logros en comparación con otros pueblos con los que convivieron (o incluso con períodos posteriores de la historia, ensombrecidos por la estasis y hasta por la regresión culturales), han quedado superados con creces por todo lo que ha venido después. La capacidad de cálculo de cualquier teléfono móvil está a años luz de la que tenía el mecanismo de Anticitera y hoy podemos viajar de un confín a otro de lo que fue el antiguo Imperio Romano en el tiempo que se tardaba entonces en llegar del Coliseo a la tumba de Augusto. La notable descripción que hizo Aristóteles del mundo animal palidece ante cualquier curso universitario de introducción a la biología y nuestra agricultura, que hace uso regular de la manipulación genética y los cultivos hidropónicos, habría dejado sin palabras a Columela. Aristarco nunca supo de la materia oscura o imaginó que toda galaxia esconde en su centro un agujero negro. Y la medicina de Hipócrates (por no decir la de Asclepio) salvaba bastantes menos vidas que nuestras vacunas, los trasplantes de hígado o simplemente, las operaciones realizadas con material esterilizado. Dada la enorme magnitud de estos avances, no es extraño que, por mucho que nos maraville el teorema de Pitágoras o la durabilidad del acueducto de Segovia, los conocimientos y las habilidades mecánicas de griegos y romanos hayan quedado reducidos a unas pocas anécdotas con las que animar las clases de primer curso en las facultades de Química o Ingeniería. En cambio, todo es bien distinto cuando se cruza ese Rubicón que aún hoy separa las ciencias de las humanidades. Los estudiantes leen durante meses sobre los desmanes cometidos por Aquiles ante los muros de Troya y dedican años a conseguir entender en la lengua original cómo César sometió, a sangre y fuego, la Galia. Han debido de hacerse más traducciones de este texto que legionarios cruzaron entonces los Alpes. Del mismo modo, se continúan llevando a escena las escabrosas cuitas de alguien tan retorcido como Edipo, que mató a su padre y hasta se casó con su madre. Y se enseñan en las aulas las leyes con las que se gobernaban los avanzados romanos, los cuales, hasta que no se volvieron cristianos, tenían derecho a matar cuando quisieran a sus propios hijos (y especialmente, a las hijas). Y en cuanto a la filosofía… sí, probablemente sea lo que mejor ha envejecido, quizás porque nos anima, precisamente, a explorar el mundo y, con lo aprendido, dejar atrás la herencia recibida si acaba demostrándose falsa. Lo que sigue siendo recuperable de la Antigüedad clásica es, en esencia, todo aquello que versa sobre lo que menos cambia en el ser humano. Si leemos su literatura, es porque continuamos presos de pasiones parecidas. Y si nos siguen entusiasmando (e iluminando) las respuestas que dieron Sócrates o Epicuro a las grandes cuestiones existenciales, es porque tales preguntas continúan atormentándonos en la misma medida que a ellos. En último término, nos une a Grecia y a Roma lo mismo que a nuestra familia lejana, que a ese bisabuelo de nuestro abuelo del que no conocemos siquiera el nombre: el miedo a sentirnos huérfanos en mitad del universo, un temor ancestral a lo que pueda ocurrir si nos soltamos de esa larga cadena que nos ata a la historia del rincón del mundo en el que vivimos (como nos atan a él tantas otras cosas: comidas, costumbres o paisajes), a pesar de que sus primeros eslabones se parecen muy poco a los últimos que somos nosotros.

Ya dijo Bertrand Russell que progresar consiste en dar una explicación científica a los interrogantes que hasta ese momento solo tenían una interpretación filosófica. Russell no negaba utilidad a la filosofía: es el bálsamo que atempera la angustia que provocan en nosotros las grandes cuestiones existenciales (quién soy, de dónde vengo, qué fin me espera) mientras se está a la espera de que la ciencia nos proporcione una respuesta definitiva… nada diferente, en realidad, a lo que antes hizo la religión, solo que prescindiendo de las causas sobrenaturales. Ahora bien, sucede que el mismo progreso que hemos hecho en la comprensión del mundo físico, que vuelve casi pueril la visión que de él tenían los antiguos, se está haciendo también en lo que atañe al propio ser humano: a nuestras pulsiones, nuestros procesos mentales, las fuerzas que vertebran nuestras sociedades, nuestra relación con el mundo, nuestro origen… De todo ello tienen ya una explicación bastante exacta la genética, la neurociencia, la sociobiología o la teoría evolutiva. Y sin embargo, seguimos recurriendo fundamentalmente a la literatura, la historia, o la filosofía para entendernos a nosotros mismos. Por muy prosaica y antipoética que nos resulte tal explicación, y por mucho que nos sigan conmoviendo sus lamentos (gracias al genio de Sófocles), el proceder de Edipo se comprende mejor desde la psiquiatría clínica, en términos de cambios en los niveles de neurotransmisores y de las hormonas que regulan el comportamiento, que a partir de lo puedan dejar traslucir sus palabras (otro lugar común: que el lenguaje refleja con exactitud lo que pensamos o sentimos). Del mismo modo, lo atinado de la organización que Platón propone para su república ideal solo se puede valorar en su justa medida cuando la estudiamos a la luz de lo que hoy sabemos sobre las sociedades que forman los primates y en último término, sobre la evolución del comportamiento prosocial en nuestro linaje. En definitiva, ha llegado la hora de enriquecer la visión humanística del hombre con el aporte de las ciencias. Y porque pienso que, de hacerlo, nos iría bastante mejor, voy a incurrir en la incorrección política de defender que no basta con decir que ambas visiones son complementarias (un lugar común más), sino que es preciso aceptar que la primera ha de supeditarse a la segunda. En realidad, si algo sigue verdaderamente vigente de los clásicos es su apelación a indagar en lo que nos rodea haciendo uso únicamente de las herramientas de la razón y en particular, a desechar cualquier explicación del mundo que contradiga lo que la ciencia pueda revelarnos al respecto, incluso si se trata de la herencia de un pasado con el que continuamos manteniendo fuertes lazos emocionales. Como dejó escrito Séneca en una de sus famosas cartas a Lucilo, «non ideo debemus, quia maiores nostri ita tradiderunt, sequi falsum», es decir, «no hemos de seguir lo falso solo por el hecho de que nos lo hayan transmitido nuestros antepasados».

Absentistas

Siete de la tarde de un lluvioso viernes de febrero: cuatro alumnos, de un total de 41 matriculados, asisten a la clase que imparto en la universidad sobre los fundamentos de la lingüística, la disciplina que se ocupa de cómo están hechas las lenguas y del modo en que las utilizamos con fines diversos: pensar, informar, expresar emociones, socializar... en esencia, de uno de los rasgos distintivos de nuestra especie. Entender qué es el lenguaje supone, por tanto, comprendernos un poco mejor a nosotros mismos. ¡Conócete a ti mismo!: el imperativo socrático. Pero a la vista de la asistencia, parece evidente que este imperativo ha perdido por completo su fuerza perlocutiva.

¿Razones de este absentismo que se me antoja a un tiempo desalentador e indecoroso? Comencemos por las más prosaicas (y, por tanto, las más difícilmente justificables). Llueve y no apetece salir de casa (tampoco a ninguno de los que están trabajando a estas horas). Es viernes y hay que prepararse para salir de fiesta (a pesar de que llueve). Comienza el fin de semana (en realidad, solo al día siguiente) y si me vuelvo pronto al pueblo, lo aprovecharé mejor (¿pero no iba a llover?). Podríamos seguir con las más tradicionales. Bah, no pasa nada si falto a una clase: ya me pondré al día (de hecho, no lo harás: los apuntes que te prestarán serán incompletos y los libros de consulta… ay, esos ya nadie los lee; en suma, que no entenderás casi nada de la siguiente lección y, poco a poco, la materia se volverá una suerte de ciénaga, por la que te moverás con cada vez más dificultad). Uff, es que el profesor es tan aburrido…. solo habla y habla mientras no deja de señalar datos y gráficos en la pizarra digital (¿es que acaso esperabas algo distinto de una exposición rigurosa y razonada de cualquier materia?). Y podríamos seguir así, hilvanando una larga retahíla de excusas que apenas logran maquillar la verdadera razón de esta aula desangelada y vaciada de oyentes: la mera falta de interés por lo que se cuenta entre sus paredes.

Lo sé: nada de esto es nuevo. Todos hemos sido jóvenes y para todos (incluiré a los oyentes del propio Sócrates), la vida fuera del aula se nos antojó en cierto momento mucho más atractiva que lo que ocurría en su interior. No, no recurriré tampoco al tópico de que en aquella época, y a pesar de lo anterior, el absentismo era menor y el interés por aprender, mayor. Lo cierto es que no tengo datos que me permitan juzgar con objetividad esta posibilidad, salvo la cada vez más borrosa (y a lo peor, cada vez más sesgada) memoria de lo vivido cuando yo mismo me sentaba en los pupitres. Sea como fuere, lo de este viernes de febrero no es una opinión más o menos fundada, ni una sensación más o menos vaga, sino un hecho contrastado: solo el 10% de mis alumnos asistió a clase.

Será porque me hago mayor (o porque por fin puedo juzgar las cosas con más ecuanimidad), pero empiezo a echar en falta (en ellos, pero también en la sociedad en general), dos sentimientos que me parecen cruciales y cuya ausencia explica, en gran medida, el problema que hoy me ocupa (y los extraños senderos por los que transita el mundo actual): la gratitud y la reverencia. Gratitud, por el privilegio que supone poder pasar unos años aprendiendo (o en mi caso, explicando) la maravillosa complejidad del mundo, desde el origen del Universo, al funcionamiento de una célula o a las razones por las que las aliteraciones de un verso de Góngora nos conmueven. Reverencia, porque cuando uno es consciente de dicha complejidad, no puede sino acercarse a ella desde la admiración y en último término, desde la humildad y el respeto. ¿Qué queda hoy de todo esto? Bien poco. Apremiados por los economistas (gente empeñada en poner la ciencia al servicio del dinero) comenzamos transformando la Universidad en una agencia de colocación. Más tarde, al dictado de los pedagogos (esos practicantes del extraño arte de enseñar a otros a impartir una ciencia que ellos mismos desconocen), nos vimos obligados a convertir las aulas en ludotecas y talleres de autoayuda. Y acabamos, de la mano de los políticos (expertos en supeditarlo todo a las directrices del partido), por asomarnos a las maravillas del mundo desde las trincheras de la ideología, pertrechados de esa impostada suficiencia de la que hace gala quien no está dispuesto (¡en la Universidad!) a guardarse su verdad y salir a buscar la Verdad que nos espera ahí fuera.

Un aula universitaria no puede ser una pista de circo, ni tampoco el lugar donde celebrar mítines políticos. Un aula (y no me importa ponerme solemne) debería ser un templo. Y no porque en ella haya que reverenciar ninguna autoridad, ni aceptar verdad revelada alguna (al revés: la ciencia solo avanza si cuestionamos sin cesar el saber heredado), sino porque necesitamos (¡hoy más que nunca!) un sitio en el que se acalle la cacofonía de nuestra sociedad y sea posible escuchar las grandes respuestas a las grandes preguntas: qué somos, de dónde venimos, adónde vamos. En una época en la que el reguetón ha sustituido a Bach y Twitter, a «El doctor Zhivago», y en el que nadie entiende ya los cuadros de Klee, un aula universitaria vacía es el síntoma definitivo de nuestro fracaso por tratar de conocernos mejor y de volvernos un poco mejores también.

Universidad: menos es más

Doy clase en la Facultad de Filología. Cada año imparto la asignatura «Lenguas del mundo» y cada año espero sorprender a mis alumnos con palabras como *vepxvt^{h}mbrdğneli*, un cumplido para los valientes en georgiano, que significa 'el que hace pedazos a los tigres'. Puesto que casi todas las lenguas suelen tener palabras más cortas con sílabas más simples, tal ejemplo debería cautivar a estos futuros filólogos. Pero frente a mí no tengo, precisamente, cuarenta o cincuenta rostros entusiasmados, sino, más bien, apáticos (el tema no les interesa), preocupados (no han comprendido nada) o estupefactos (no alcanzan a ver de qué les servirá todo aquello en el futuro).

Admitámoslo: nada nuevo bajo el sol y, en realidad, lo que se viene experimentando desde hace años en el resto de los niveles educativos. Con una importante salvedad: la educación universitaria no es obligatoria, lo que significa que puede (y debe) plantearse objetivos propios y, sobre todo, atreverse a ensayar soluciones radicales para solventar mi problema (que es el de casi todos en la Universidad). ¿Pero cuáles? ¿Dotarnos de más medios? No creo: con una pizarra y una tiza ya me basta. ¿Contratar más profesores, entonces? Pero si en el aula aún caben otros cincuenta alumnos... ¿Motivar a los estudiantes? ¿En serio? Como el valor al soldado, el interés se le presupone al universitario. ¿Y si lo que sucede es, simplemente, que la Universidad ha abdicado de su función primigenia, la de formar un reducido número de especialistas en las diferentes ramas del saber, y se ha convertido en otra cosa, en esencia, en una prolongación de las enseñanzas medias? ¿Las razones? Obviando las más pragmáticas (la Universidad es también un negocio del que vive mucha gente) y las más cínicas (aliviamos la presión sobre el mercado laboral sacando de él a buena parte de nuestros jóvenes durante algunos años), se me ocurren un par de explicaciones. La primera es que seguimos pensando que de la Universidad se sale más educado y menos manipulable. Pero a la Universidad va uno, en realidad, a profundizar en una pequeña parcela del saber, no a adquirir más cultura. En cuanto a lo de volverse más crítico (y más comprometido, porque ambas cosas deberían ir juntas), es algo tan crucial para la salud de nuestra sociedad, que no podemos postergarlo tanto; hay que comenzar mucho antes, en la familia y en el colegio. Y ¡cuidado!, porque la Universidad es fuente también de todo tipo de ideas disparatadas, muchas de las cuales tienen justo el efecto contrario: hacernos más volubles e intolerantes (una visita a cualquier campus norteamericano, infectado por el virus identitario, basta para comprobarlo). La segunda es que continuamos creyendo que abandonaremos las aulas suficientemente formados para desempeñar con éxito cualquier trabajo especializado. No puedo hablar en general, y sé que no es lo mismo una facultad de Medicina que una de Filología, pero en nuestro caso preparamos mal a nuestros estudiantes para enfrentarse a problemas prácticos (entre otras razones porque casi ninguno hacemos ciencia aplicada). Lo que se nos da mejor es fabricar eruditos (y de ellos hacen falta muy pocos, en realidad). Y ha sido un gran error tratar de paliar lo anterior apostando por atomizar aún más el saber, creando nuevas titulaciones cada vez más específicas. Porque los alumnos siguen graduándose con competencias prácticas que no superan, en general, a las de los estudiantes de Formación Profesional y desde luego, con un bagaje teórico mucho más pobre que cuando cursaban titulaciones generalistas. Al final, la Universidad ha dejado de ser el ascensor social que fue. Gran parte de los trabajadores están hoy sobrecualificados (insistamos: en conocimientos poco aplicados y poco aplicables) y la mayoría, frustrados (por no estar ocupándose de las tareas intelectuales para las que supuestamente se habían preparado). Lo cierto es que necesitamos menos personas dedicadas a lucubrar y más gente capaz de reparar una placa solar.

¿Soluciones? Probemos a seleccionar mejor a los estudiantes endureciendo las pruebas de acceso (las tasas de aprobados rondan todos los años el 95%). Dejemos en las aulas solo a los verdaderamente capaces y genuinamente atraídos por lo que estudian (el disparatado absentismo actual demuestra que son una minoría), manteniendo para ello (o mejor aún, elevando) el nivel de exigencia académica. Revaloricemos las titulaciones universitarias, de modo que vuelvan a ser un indicio de excelencia (hoy nadie suspende un máster universitario y cada curso son miles los matriculados en nuestros programas de doctorado). Controlemos más lo que hacen los profesores, porque, efectivamente, los hay que explican mal, que se han quedado desactualizados o que ni siquiera investigan, o que aplican delirantes pedagogías en el aula. Primemos la calidad sobre la cantidad, porque hoy se enseña y se publica cada vez más, pero no necesariamente mejor. Desterremos, para acabar, la ideología de los campus, porque cada vez estamos más asfixiados por el adoctrinamiento a diestro y (especialmente) a siniestro, hasta el punto de que la ciencia se está degradando a pseudociencia en muchas áreas (un ejemplo: los estudios de género). Y en paralelo, apostemos decididamente por una Formación Profesional de excelencia y, aún más, por una Educación Secundaria de calidad, que proporcione a todos la formación básica que necesitamos para desenvolvernos en el complejo mundo actual. Hay que volver a una Universidad genuinamente elitista y meritocrática, pero despojada al mismo tiempo de cualquier halo de superioridad o exclusividad. Tiene que ser un lugar más donde formar un tipo más de ciudadanos. Nada más... y nada menos.

Café (aguado) para todos

Hay en España un organismo oficial (sí, uno más) llamado ANECA. ANECA es el acrónimo para la Agencia Nacional de Evaluación de la Calidad y Acreditación. ¿Su misión? Asegurar que la educación universitaria tenga la calidad que todos esperamos de ella. Dos de las cosas que hace la ANECA es acreditar a los futuros profesores universitarios (esto es, decidir quién está preparado para dar clase en la Universidad) y certificar su producción científica (o sea, comprobar que los profesores, que no solo son docentes, cumplen con su otra obligación básica: investigar). Pues bien, en 2024 la ANECA llegó a evaluar positivamente el 93% de las solicitudes recibidas para poder ejercer como profesor titular (la principal figura docente en nuestras universidades y la que otorga la condición de funcionario). Del mismo modo, evaluó positivamente el 97% de las solicitudes de sexenios de investigación presentadas por profesores titulares y catedráticos (lo que significa que dio el visto bueno a la actividad investigadora que los solicitantes desarrollaron durante un período de seis años naturales). Cuidado, no se trata de un mero reconocimiento formal: tener sexenios permite dirigir tesis doctorales, impartir menos horas de clase y cobrar más.

Los datos anteriores parecen sugerir que el profesorado universitario español es excelente a todos los niveles: no solo llega perfectamente formado al momento de solicitar un puesto estable, sino que una vez que lo consigue, desarrolla una investigación de enorme calidad. Nada extraño, claro está, si consideramos que casi nueve de cada diez tesis doctorales (un 83% en 2021, para ser exactos) recibe la máxima calificación (*sobresaliente cum laude*), que la nota media de los egresados de los estudios de máster (que son obligatorios para poder acceder a los de doctorado) no baja del notable alto (un 8,2 en el curso académico 2019-20, por ser más precisos), que los graduados salen de nuestras universidades con una calificación media de notable (7,3 en dicho curso) o que la prueba de acceso a la Universidad solo la suspende, de media, un 3% de los que se presentan a ella. Toda la Universidad española parece rezumar excelencia por los cuatro costados.

Nadie duda de que nuestras universidades son capaces de producir extraordinarios profesores e investigadores. En los programas de los congresos internacionales más reputados o en los índices de las revistas científicas con más impacto abundan los nombres españoles. Destacamos también en otros indicadores de calidad, como, por ejemplo, la financiación que recibimos de la Unión Europea para investigar. No obstante, una cosa es que nuestros mejores investigadores estén a la par de los mejores investigadores de otros países y otra, bien distinta, que todo nuestro tejido universitario posea la excelencia que las estadísticas anteriores parecen sugerir. Las sensaciones que se tienen desde dentro son bien diferentes: los alumnos llegan a la Universidad cada vez peor preparados, el absentismo en las aulas alcanza niveles inimaginablemente indecorosos (hasta el punto de que muchos profesores ha vuelto obligatoria la asistencia a clase), los temarios son cada vez más sencillos, los trabajos académicos de los alumnos son mediocres (siendo benévolos) y los temas de las tesis doctorales están cada vez más alejados del núcleo de sus respectivas disciplinas y cada vez más sesgados hacia temas de actualidad (fuertemente ideologizados y de dudoso interés teórico). Respecto a los profesores, publican cada vez más, es cierto, pero la relevancia y el impacto real de lo que publican son, en su conjunto, escasos. Y en cuanto a su docencia, la mayoría ha acabado resignándose a adaptar sus clases al nivel de comprensión y esfuerzo de sus alumnos.

¿Y qué hemos hecho al respecto? En lugar de apostar por la verdadera excelencia (que solo es posible a través de la (auto) exigencia y el trabajo riguroso y constante), hemos optado por rebajar de modo sustancial lo que pedimos a todos los niveles, desde el bachiller que opta a una plaza universitaria, hasta el titular que quiere acreditarse para catedrático. Y como además somos cada vez más dependientes de la imagen pública que proyectamos (y, sobre todo, de la que queremos proyectar), hemos maquillado nuestra claudicación con estadísticas que solo sirven para hacer propaganda de lo que no somos. Sumemos a lo anterior la mercantilización creciente de la Universidad, que ha convertido a los centros en proveedores de servicios y a los alumnos, en clientes a los que tener satisfechos. El resultado es que ningún ministro, rector, claustro universitario o asamblea de alumnos están hoy dispuestos a tolerar, por poner un par de ejemplos, las tasas de suspensos de hace unos años (cuando la exigencia académica era notablemente mayor) o los números de doctorandos de hace una década (cuando las tesis se hacían por verdadera vocación investigadora y no para conseguir puntos en las oposiciones). Finalmente, un sistema que premia el trabajo mediocre se retroalimenta con enorme facilidad: ¿para qué trabajar más o en temas más complejos si trabajando menos o en temas más simples se consigue lo mismo (el aprobado, el título de doctor, el sexenio, la financiación, la cátedra...)?

Todo lo anterior no implica que la actividad de la Universidad deba juzgarse según criterios puramente utilitarios. Soy de los profundamente convencidos de la necesidad de que una sociedad dedique parte de su riqueza y sus fuerzas productivas a una institución como la universitaria, cuya función principal es la de transmitir el conocimiento heredado y ampliarlo a través de la investigación (y solo de modo secundario, buscarle una aplicación). Es más, me parece maravilloso (y señal de una civilización madura) que haya alguien en algún despacho universitario que esté dedicando su vida a algo tan poco rentable económicamente como, poner el caso, describir la lengua lúdica, que hablan unas trescientas personas en la Carelia rusa. Otra cosa es, sin embargo, la pérdida real de calidad docente e investigadora que se está produciendo en la actualidad, a la que esta política de café para todos está contribuyendo notablemente. Hoy la Universidad corre el riesgo de acabar dedicada a la producción (y reproducción) de ideas sin el menor valor intelectual, al menos en campos como el de las humanidades. Y desde luego, hay una enorme desproporción entre lo que la Universidad hace y lo que podría hacer, con los mismos recursos de los que dispone, si apostara por la filosofía contraria: una genuina meritocracia. El problema es (reconozcámoslo sin tapujos) que en la Universidad nadie controla nada. Puedes contar en clase lo que te plazca amparándote en la libertad de cátedra. Puedes, de hecho, no contar nada de lo que enseña tu compañero que imparte tu misma asignatura aduciendo que perteneces a una escuela de pensamiento diferente. Puedes escribir un artículo científico cada cinco años (o cada diez... o nunca) argumentando que te ocupas de un tema muy complejo (o mejor aún, que estás en contra del actual sistema de valoración de la actividad investigadora basado en los índices de impacto). Puedes ser enormemente exigente con tus alumnos o puedes inventarte un sistema docente que garantice a todos el aprobado general. A la vista está (los porcentajes de acreditaciones y de sexenios concedidos son una prueba de ello), que da igual lo que hagas, porque el sistema universitario te dará su visto bueno. Y todo el mundo parece estar contento. Es lo que tiene el igualitarismo a la baja: que nadie se queja porque beneficia a todos… aparentemente. Porque quienes de verdad se esfuerzan por dar clases rigurosas y formativas, y por investigar en los temas importantes en su área (y afortunadamente, son muchos todavía), se escandalizan por este despilfarro y esta abjuración de los principios rectores de la institución universitaria, y cuando les sirven este café aguado solo aciertan a recordar el conocido aforismo platónico: «la peor forma de injusticia es la justicia simulada».

Ideología en los campus: en qué consiste y cuánto nos cuesta

Admitámoslo. El mundo es muy complejo. Si queremos comprenderlo, hace falta gente que estudie las cuestiones más diversas, por extrañas, esotéricas y (admitámoslo también) ridículas que puedan parecer a ojos del profano. Yo mismo soy lingüista y en estos momentos estoy tratando de determinar qué tipo de lenguas hablaban los hombres de Altamira, algo que, en el mejor de los casos, puede despertar cierta curiosidad, pero que resulta infinitamente menos relevante que encontrar una vacuna para la malaria o frenar el cambio climático. Ahora bien, ¿qué diríamos si un tercio de los lingüistas españoles estuviese estudiando las lenguas prehistóricas (con el consiguiente gasto para el contribuyente)? Imagino que nos parecería un despropósito. Pues algo semejante sucede actualmente con ciertos temas en el ámbito de las humanidades. En mi campo, por ejemplo, los trabajos académicos y los proyectos de investigación sobre eso que se llama *discursos de odio* (en sus más diversas formas: sexismo lingüístico, xenofobia u homofobia lingüísticas, glotofobia, etc.) han aumentado exponencialmente en los últimos años, a la par que han ido reduciéndose los dedicados a los aspectos de los que se ha ocupado la lingüística tradicionalmente. Sin duda, constituyen genuinas investigaciones en esta disciplina, puesto que se interesan por el lenguaje en algunas de sus múltiples manifestaciones y, en general, se ejecutan de un modo apropiado. Ahora bien, ¿contribuyen en alguna medida significativa a mejorar nuestra comprensión de las propiedades distintivas del lenguaje humano (el objetivo principal de la lingüística) o a resolver algún tipo de problema social? Es poco probable. Consideremos, a modo de ejemplo, las políticas lingüísticas que se conocen como *lenguaje inclusivo*. El bienintencionado dirá que la profusión de trabajos en este ámbito es un reflejo de la preocupación de la sociedad por alcanzar la plena igualdad de derechos y deberes entre hombres y mujeres, que es un empeño del todo loable. El problema es que el fundamento teórico de dichas políticas es sustancialmente incorrecto. Parten de la idea de que cambiando la lengua se puede modificar el pensamiento y, por tanto, transformar la sociedad, lo cual no es cierto. La causalidad va más bien en sentido contrario: es la lengua la que acaba reflejando los cambios sociales. Como consecuencia de esta debilidad teórica, su efectividad se antoja más que dudosa y es evidente que resulta más eficaz promover la igualdad a través de otros mecanismos y dejar que la lengua acabe reflejando con el tiempo este cambio. ¿Por qué seguimos entonces financiando este tipo de estudios en la desproporcionada medida en la que lo hacemos?

Las causas son, a mi modo de ver, tres: simplicidad, oportunismo e ideologización. En primer lugar, se trata de investigaciones poco exigentes en términos del bagaje teórico y la formación metodológica necesarios para abordarlas. En segundo lugar, debido a lo anterior y también al hecho, ya comentado, de que son objeto de financiación preferente, permiten progresar con más facilidad en la carrera universitaria, en la que, hoy por hoy, prima lo cuantitativo sobre lo cualitativo. Por último, interesa políticamente que estos temas se perciban como un problema social de primer orden y el marchamo académico confiere a esta idea visos de verosimilitud. En otros campos es más complicado que suceda algo así. Las estadísticas nos dicen, por ejemplo, que las enfermedades cardiovasculares representan la principal razón de muerte en España, y uno entiende entonces que en biomedicina se gaste mucho dinero en investigar sus causas y su tratamiento. Ahora bien, este lastre ideológico que sufren las humanidades no es únicamente consecuencia de la confrontación partidista cortoplacista y la creciente politización de la Universidad española (no muy diferente de la que está sufriendo toda la sociedad). Cunde además en los campus la idea de que las disciplinas humanísticas son «ciencias débiles», es decir, que sus propuestas teóricas difícilmente pueden ser falsadas, en esencia, porque todo lo humano está sujeto a «opinión». De ahí, a defender que la verdad es algo relativo hay un solo paso. En otras palabras, uno puede acabar sosteniendo la peregrina idea de que es posible (y hasta deseable) opinar sobre cualquier tema lo que buenamente le parezca a cada cual (con el corolario, tan propio de estos tiempos, de que quien cuestione cualquier opinión, por infundada que sea, estará coartando la libertad individual, de conciencia o de cátedra… si no es que estará acosando, discriminando o algo peor). Así no funciona la ciencia. Todo hecho puede y debe someterse al escrutinio del método científico (aunque cada campo demande estrategias diferentes). En caso contrario, la ciencia acaba supeditada, efectivamente, a la ideología, que es quien dicta qué se investiga y, sobre todo, cuáles deben ser los resultados de dichas investigaciones, así como las políticas derivadas de ellas.

Nadie se atreve a gritar que el emperador va desnudo (o que lleva muy poca ropa), de modo que esta burbuja sigue creciendo. Pero igual que en las facultades de biología no se enseñan a la par el darwinismo y el creacionismo como dos visiones igualmente legítimas de la evolución (la primera es correcta, la segunda es falsa), es urgente desideologizar la investigación y la docencia en humanidades. El criterio para ello debe ser el mismo que opera en las ciencias «duras»: la falsación de las teorías mediante el método científico. Pero a ver quién le pone el cascabel a este gato…

La vida, por larga que sea,
siempre será muy breve

Llega un correo electrónico de despedida de un profesor que deja nuestra facultad. Y de improviso, me viene a la mente este verso de Wisława Szymborska que da título a este ensayo. Y es que no se trata de un traslado, ni tampoco de que este profesor haya decidido abandonar la universidad para irse a trabajar a la empresa privada. Es, simplemente, la despedida de alguien a quien la ley obliga a marcharse, una persona que ha estado impartiendo clase, investigando y publicando durante los últimos cuarenta años. Siempre en la misma facultad y siempre en el mismo departamento. Siempre sobre las mismas materias. Los años han volado, ha cumplido 70 y ha agotado, incluso, el corto período durante el cual uno puede seguir vinculado a la Universidad como profesor emérito. Se acabó. Ya solo le dejan empaquetar sus libros, vaciar el despacho y despedirse, que es justo lo que acaba de hacer hoy. Con un mensaje muy contenido, por cierto, en el que nos desea a todos lo mejor para el futuro, nos da las gracias por lo compartido y afirma llevarse a casa solo lo bueno de lo vivido durante esas cuatro décadas, que parece ser suficiente como para que vaya a cruzar por última vez el umbral de la facultad razonablemente satisfecho. Lo cierto es que, por diversas circunstancias, no lo he tratado tanto como ahora hubiese querido: nos ocupamos de cosas diferentes, pertenecemos a áreas de conocimiento distintas y yo no llevo en la facultad ni la quinta parte del tiempo que él ha pasado en ella. Da igual, en realidad, de quien se trate, porque, lamentablemente, hay muchos otros en su misma situación: gente lúcida, preparada, con ganas y fuerzas para seguir leyendo, pensando y escribiendo, y, sobre todo, con mucho (y bueno) que compartir con los alumnos. Gente a la que se manda a casa por decreto administrativo.

Pretendemos que las cosas funcionen y a poco que uno lo piensa, hay demasiados asuntos importantes que dejamos en manos del azar, en particular, al albur de los meros números. Por ejemplo, toca decidir sobre quién va a gobernarnos y qué medidas va a aplicar para resolver los graves problemas que aquejan al país, y sucede que el único criterio para poder meter el sobre en la urna es tener cumplidos los dieciocho, a pesar de que hay gente absolutamente irresponsable (e ignorante) a los veinticinco (¡y hasta a los cincuenta!), igual que son muchos los adolescentes de dieciséis con más conocimientos, sentido del deber e interés por los asuntos públicos que la mayoría de los adultos que los rodean. Pero claro, es más fácil permitir votar en virtud del año de nacimiento que según la preparación y el grado de compromiso con la comunidad a la que se pertenece. Menudo trabajo evaluar todo eso, ¿no? Sucede algo semejante con este asunto de la jubilación de los profesores. Porque también hay docentes que a sus cincuenta años no han conseguido dar aún una clase decente, a los que sus alumnos rehúyen como a la peste y que llevan tres décadas sin publicar un trabajo académico. Son los menos, pero ahí siguen, año tras año, subiéndose a la tarima y perorando sobre temas que apenas entienden. Simplemente, no les toca marcharse todavía. Sin duda, la edad trae limitaciones y no tiene uno la misma agilidad mental, idéntica capacidad de concentración o análoga resistencia física delante de los libros a los veinte que a los setenta. Pero no estamos hablando de picar carbón en una mina, asfaltar carreteras en plena canícula o cargar camiones con sacos de cemento. Hablamos de transmitir el saber a la siguiente generación, algo que solo se consigue cuando se mezclan las cantidades apropiadas de experiencia, conocimiento, empatía, interés, vocación de servicio y muchas otras cosas… y aprender a preparar bien este cóctel lleva su tiempo. ¿O es que los profesores recién llegados a las facultades no presentan carencias? Todos hemos sido jóvenes y todos hemos sentido que el paso de los años nos ha vuelto mejores docentes. Y habrá, sin duda, profesores que llegados a los setenta no estén realmente en condiciones de seguir realizando bien su trabajo. Y muchos más, a buen seguro, que lo único que deseen sea irse a casa para poder hacer otras cosas. Pero lo razonable es determinar caso por caso cuáles son las circunstancias de cada cual, en lugar de agarrar la escoba administrativa y barrer de la Universidad a todos los que han cumplido una cierta edad. En otros países, con muchos más defectos que el nuestro, son conscientes de todo esto y por eso, no hay una edad obligatoria de jubilación para los profesores universitarios.

Sea como fuere (y siento volverme más pesimista), en este asunto intuyo algo más que la mera desidia o el simple automatismo administrativos. Vivimos, a todas luces, en una sociedad en la que ser joven es un valor al alza, por lo que no serlo, se ha convertido en un demérito. ¡Claro que es magnífico ser joven, estar lleno de fuerza, de ambiciones y de pasión por las cosas! Pero muchas de estas cualidades se siguen manteniendo con la edad y hay también muchas otras que vamos adquiriendo a medida que envejecemos. Y enseñar bien suele ser una de ellas… A quienes solo saben mirar al futuro, recordarles otro verso de Szymborska: «cuando pronuncio la palabra futuro, la primera sílaba pertenece ya al pasado». Y es que en eso consiste, después de todo, estar vivo.

Créditos de las imágenes

1. Vasily Kandinsky (1866–1944): «La iglesia» (1909)
2. Franz Marc (1880–1916): «Criatura fantástica» (1912)
3. Karl Schmidt-Rottluff (1884–1976): «Hombre leyendo» (1921)
4. Käthe Kollwitz (1867–1945): «En memoria de Karl Liebknecht» (1920)
5. Käthe Kollwitz (1867–1945): «Los padres» (1921-22)
6. Käthe Kollwitz (1867–1945): «Las madres» (1921-22)
7. Paul Klee (1879–1940): «El lado luminoso» (1923)
8. Vasily Kandinsky (1866–1944): «Los caballeros» (1909)
9. Lyonel Feininger (1871–1956): «Farola» (1918)
10. Lyonel Feininger (1871–1956): «Casas del viejo París» (1919)
11. Otto Dix (1891–1969): «Gatos» (1920)
12. Otto Dix (1891–1969): «Calle» (1919)
13. Ernst Ludwig Kirchner (1880–1938): «La ciudad» (1924)
14. Conrad Felixmüller (1897–1977): «La madre» (1919)
15. Ernst Barlach (1870–1938): «El buen samaritano» (1919)
16. Christian Rohlfs (1849–1938): «La expulsión del Paraíso» (1917)
17. Karl Schmidt-Rottluff (1884–1976): «La pesca milagrosa» (1918)